李学勤　罗哲文　俞伟超　曾宪通　彭卿云

塞北三朝的文明

李默／主编

中华文明是人类历史上最伟大的文明之一，是人类文明发展的主要构成。中华文明丰富、深刻、辉煌、博大，在人类文明中的骨干作用和领导作用人所共知。在人类文明的发源时期，中华文明就是四大古文明之一，是地球上文化的策源地之一。

广东旅游出版社
GUANGDONG TRAVEL & TOURISM PRESS
爱读书·悦旅行·悦享人生

中国·广州

图书在版编目（CIP）数据

塞北三朝的文明 / 李默主编 . — 广州 : 广东旅游
出版社 , 2013.1（2024.8 重印）
ISBN 978-7-80766-431-4

Ⅰ . ①塞… Ⅱ . ①李… Ⅲ . ①中国历史—辽金时代—
通俗读物 Ⅳ . ① K246.09

中国版本图书馆 CIP 数据核字 (2012) 第 271665 号

出 版 人：刘志松
总 策 划：李 默
责任编辑：张晶晶 黎 娜
装帧设计：盛世书香工作室 腾飞文化
责任校对：李瑞苑
责任技编：冼志良

塞北三朝的文明
SAI BEI SAN ZHAO DE WEN MING

广东旅游出版社出版发行
（广东省广州市荔湾区沙面北街 71 号首、二层）
邮编：510130
电话：020-87347732（总编室） 020-87348887（销售热线）
投稿邮箱：2026542779@qq.com
印刷：三河市嵩川印刷有限公司
　　　（河北省廊坊市三河市杨庄镇肖庄子村）
开本：650×920mm 16 开
字数：105 千字
印张：10
版次：2013 年 1 月第 1 版
印次：2024 年 8 月第 3 次印刷
定价：45.80 元

出版者识

　　《话说中华文明》是一部全景式图文并茂记录中国文明历史的大书。出版者穷数年之力，会集各方力量——专家、学者、编辑、学术顾问们，在浩如烟海的历史档案、资料、著作中，探珍问宝，追寻中华文明在悠悠历史长河中的灿烂之光。此书的出版，凝聚了编撰者的心血，学术顾问们的智慧。尤其是李学勤先生，亲自动笔写下了序言，更增加了本书沉甸甸的分量。

　　中华文明的历史充满了辉煌与苦难，成就和挫折。它的历史无处不在，决定着我们中国人今天的思想和感情。当今的中国和中国人是中华文明的历史造就的，是中华文明的历史的延伸，也是它的一个组成部分，中华文明的历史之河奔流到现在。

　　中华文明是人类历史上最伟大的文明之一，是人类文明发展的主要构成。中华文明丰富、深刻、辉煌、博大，在人类文明中的骨干作用和领导作用人所共知。在人类文明的发源时期，中国就是四大古国之一，是地球上文化的策源地之一。在人类文明的早期，中华文明成为文明在东方的支柱，公元前后200年间，人类的汉帝国与罗马帝国这两只铁手攫住了地球。在欧洲进入中世纪的时候，中华文明更成为人类文明最主要的领导，它的文明统治东亚，传遍世界。进入近代，中华文明处于自身的重压和西方的欺凌下，但中国人民的斗争史和奋起精神是人类文明历史中不可缺少的一页。

　　五千年的中华文明为人类贡献出了从思想家孔子到科学技术的四大发明、从唐诗宋词到长城运河的伟大创造，贡献出了从诸子百家到宋明理学，从商周铜器到明清文学的深刻内涵，也贡献出了从五霸七强到三国纷争、从文景之治到十大武功的辉煌历史。中华文明的历史绚烂多彩，在人类文明的历史长河中永放光芒。

　　中华文明也是人类历史上最独特的文明，没有哪一个文明像中华文明这样持久，这样统一一致。世界上其他文明不但互相交错，其创造者也都与高加索体质的人种有关，它们是姐妹文明。在人类历史中，只有中华文明才是独特的，它的创造者是中国土地上的中国人民，与其他任何地方的人民都没有关系，它的文化是统一一致的文化，可以不依赖于其他任何文明而生存，但中华文明也绝不是封闭的，它接受他人的文化，也承担自己对于人类的责任。

　　人类进入新世纪，中国的社会经济发展令世人瞩目。人们对于世界未来的政治和经济结构的估计无不以东亚和太平洋为中心，而尤以中国为重点。

　　经济起飞只是当代中国的一个方面，中国的精神文明的建设尤为刻不容缓。如果中国要自觉地发展中华文明，要有意识地使中国的发展具有世界意义，就必须发展强有力的精神文化，这样才能使中华文明的发展进入一个新的阶段，才能形成中国和中华文明的全面现代化。

而中国的精神文化的发展植根于中华文明的伟大传统之中。进入近代之后，在西方文化的冲击下，对于中国文化的价值产生大量的情绪化和激烈冲突的论调。"五四"运动打倒孔家店的口号具有冲破封建束缚的时代意义，对中国文化的发展有不容否认的正面意义，与文化虚无主义是完全不同的。文化虚无主义者否定中国传统文化，在现代化的旗帜下主张全盘西化；而复古主义则沉迷于中国文化的古董，走进反进步、反科学的泥潭。

历史的发展则超越了所有这些论点，产生这些论调的一百多年来的中国近代史已经结束。历史要求中国发展，要求中国走在全世界发展的前列。西化论和复古论都已过时，历史已经要求世界超越西方，中国可以承担起世界的命运，而中国的现实和世界的历史都说明，中国的使命在于它的发展前进，而非倒退。

中华文明走出迷惘的时代，我们这一代处在一个伟大而具有挑战的历史阶段。

总结历史、展望未来，这就是《话说中华文明》的意义和使命。我们创作《话说中华文明》，力求总结和回顾中华文明的全貌，在内容和形式上都开创一个新的局面。在内容结构上，既具有一定的深度，又具有相当的广博性，既有严谨、准确的学术价值，又有活泼、流畅的可读性。我们在本丛书内容纳了中华文明的各个方面，使它综合了大规模学术著作的系统性、严密性和普及读物的全面性、简易性，它既可作为大型工具书检索中华文明的各个成分，又可作为通俗的读物进行浏览。

我们从上世纪 90 年代初起就开始思考中华文明的历史和现实问题，并逐渐形成了编著《话说中华文明》的设想。在开展这项庞大的文化工程之始，我们就聘请了国内权威学者李学勤、罗哲文、俞伟超、曾宪通、彭卿云诸先生担任学术顾问，他们对计划作了充分讨论，并审阅了大量初稿。我们聘请了广州、香港地区的社会科学学者、大学教师、研究生以及我社编辑人员几十人担任稿件的撰写工作。

通过创作这部书，我们深深地感受到了中华文明的博大精深，也感受到了它的内在缺陷。中华文明具有辉煌的时期，也有苦难的年代，有它灿烂的成就，也有其不足的方面。中华文明在自身中能够吸取充分的经验和教训，就能够使自身健康壮大，成长发展。

通过创作这部书，我们也深深感受到了出版事业的使命和重任。我们希望这部书能受到广大读者的喜爱，起到它所应当起的作用。为中华文明的反省、前进和奋起作一点贡献。

目 录

辽穆宗被杀 / 007

萧思温被杀 / 007

三千打六万 / 008

辽宋军大战于高梁河和满城 / 008

杨业雁门关大捷 / 010

宋军败于瓦桥关 / 010

辽太后摄政 / 011

辽崇儒学 / 012

辽独乐寺建筑群建成 / 013

辽圣宗开科 / 015

女真主投降辽国 / 015

辽捺钵制度固定 / 016

契丹建中京 / 017

辽陶瓷发达 / 018

辽寺庙壁画繁荣 / 019

辽乐舞兼采蕃汉 / 020

辽乐府繁盛 / 022

元昊继位建西夏 / 023

西夏承汉制 / 024

西夏自行铸币 / 026

西夏发展农业 / 027

西夏文字创立推行 / 028

西夏使用先进鼓风设备 / 029

西夏独立制瓷 / 030

西夏艺术凝聚于敦煌 / 031

阿底峡尊者入藏 / 033

辽五京分立 / 033

契丹医术形成 / 034

辽兴宗二征西夏 / 035

塞北三朝的文明

华严宗、密宗兴盛于辽 / 036

辽刻契丹藏、房山石经 / 037

西夏倡佛 / 038

契丹人改革丧葬俗 / 040

辽耶律乙辛专权 / 041

辽宣懿皇后被诬杀 / 041

磨古斯反辽 / 042

辽建兴城白塔 / 043

完颜阿骨打不为天祚帝舞 / 043

阿骨打建金反辽 / 044

金攻克黄龙府 / 044

金建立国家宗教礼制 / 045

金律一依本朝旧制 / 046

猛安谋克军政组织盛极 / 048

辽人金银器仿唐风格 / 049

辽代壁画高度发展 / 050

金人确立一夫一妻制 / 052

女真文创立 / 053

金筑金长城 / 055

佛教入金 / 056

金人编韵书 / 057

金攻陷辽五京 / 058

完颜阿骨打去世 / 059

金开始出兵侵宋 / 060

金军进攻宋京·李纲坚守开封 / 060

金攻陷开封·掠走二宗 / 061

金大举南侵 / 063

南齐建立 / 064

吴玠败金兵于和尚原 / 064

吴玠败金兵于仙人关 / 065

金人勃极烈制形成 / 065

金发生政变 / 067

金商业繁荣 / 067

金制定法币 / 069

汉金音乐集于金宫庭 / 070

西夏建内学 / 071

西夏儒学鼎盛 / 072

宇文虚中反金被杀 / 073

金蒙议和 / 074

西夏实行科举制度 / 075

西夏设造纸院和刻字司 / 076

金开雕《大藏经》 / 077

金修《辽史》成 / 078

完颜亮政变继位 / 078

金征二税 / 079

金迁都燕京·营造中都 / 080

金蚕桑技术提高 / 081

金重定典制官制 / 082

金砖雕艺术发达 / 083

金人准备南侵 / 084

成无己注《伤寒论》/ 084

完颜亮大举南侵 / 085

金东京发生政变 / 086

完颜亮被部将所杀 / 087

金葬宋钦宗 / 087

金颁行女真文本汉籍 / 088

卢沟桥修建 / 088

小尧舜金世宗去世 / 090

铁木真被举为可汗 / 091

金修道经 / 092

金人制定礼仪 / 092

东巴象形文字创制 / 093

西夏颁行夏汉文对译辞书 / 093

金改革文字使用 / 094

金收集汉文书籍 / 094

王庭筠书法独步金代 / 095

赵秉文上书获罪 / 096

刘完素开创河间派 / 096

金人墓葬精美 / 098

铁木真统一各部建立蒙古国 / 100

金开凿闸河 / 101

蒙古与金绝交 / 101

蒙古出兵伐金 / 102

杨安儿率兵反金 / 103

契丹耶律留哥反金自立 / 103

金南下侵宋 / 104

耶律楚材归附成吉思汗 / 105

蒙撰进《庚午元历》/ 106

成吉思汗率军西征 / 106

蒲鲜万奴割据辽东 / 107

金朝分封九公抗蒙 / 108

金迁都南京 / 108

金国进行币制改革 / 109

鄜州金军被蒙全歼 / 109

丘处机西行 / 110

李纯甫援儒入佛 / 111

蒙古军六征西夏·西夏灭亡 / 112

成吉思汗去世 / 113

张从正创攻邪派 / 114

窝阔台即蒙古汗位 / 115

元好问为金代文学巨擘 / 116

金发明天元术 / 117

耶律楚材著《西游录》/ 119

塞北三朝的文明

蒙古军发动对宋战争 / 119

蒙古败金于三峰山等地 / 120

赵秉文为斯文盟主 / 120

宋蒙联军灭金 / 121

《中州集》编成 / 122

蒙古西征 / 123

蒙古尊孔 / 124

蒙古搜集工匠 / 125

蒙古开始考试儒生 / 125

蒙古建书院 / 126

孟珙抵抗蒙古军 / 126

蒙古建和林城 / 127

耶律楚材宣传三教同源 / 128

窝阔台死·脱列哥那称制 / 129

蒙古军闯入东欧 / 130

耶律楚材去世 / 131

拔都建钦察汗国 / 132

蒙古征服吐蕃 / 133

蒙哥登上蒙古大汗位 / 133

王若虚反对形式主义 / 135

海云入蒙古讲法 / 136

忽必烈崛起 / 136

蒙古营建开平城 / 137

蒙古佛道大辩论 / 138

蒙古人进军西亚 / 139

忽必烈征服大理 / 140

李志常掌全真教 / 141

蒙古征服安南 / 141

郝经建议忽必烈班师夺位 / 142

忽必烈效行汉法筹建元朝 / 143

八思巴被尊为国师 / 144

伊利汗国建立 / 144

中统宝钞印行 / 145

杨奂论正统 / 146

薛景石编《梓人遗制》 / 147

许衡上《时务五条》 / 147

刘整向忽必烈献平宋之策 / 148

蒙古习水军 / 149

蒙古政治汉化 / 149

蒙古宫廷兴乐队 / 150

《渎山大玉海》雕成 / 152

辽金西夏

960 ~ 1270A.D.

辽金西夏

960A.D. 宋太祖赵匡胤建隆元年

南汉大宝三年 辽应历十年 后蜀广政二十三年 北汉天会四年

正月，周殿前都点检赵匡胤称皇帝，国号宋，是为宋太祖；废周帝为郑王。

961A.D. 宋建隆二年 辽应历十一年 南汉大宝四年 后蜀广政二十四年 北汉天会五年

二月，南唐主李璟迁都南昌。六月，南唐主李璟死，子煜嗣，是为后主。

963A.D. 宋建隆四年 乾德元年 辽应历十三年 南汉大宝六年 后蜀广政二十六年 北汉天会七年

宋兵入湖南，俘周保权。

965A.D. 宋乾德三年 辽应历十五年 南汉大宝八年 后蜀广政二十八年 北汉天会九年

宋入成都，后蜀主孟昶降。后蜀亡。

960A.D. 约在此时波兰第一个具有历史真实性之国王米斯西科一世即位。

963A.D. 神圣罗马帝国鄂图废黜教皇约翰十二世。李奥八世被选为教皇。

964A.D. 基辅大公斯维雅托斯拉夫亲政。为具有斯拉夫化名字之第一人。

971A.D. 宋开宝四年 辽保宁三年 南汉大宝十四年 北汉天会十五年

宋兵至广州，南汉主刘铱降，南汉亡。六月，宋初置市舶司于广州。

974A.D. 宋开宝七年 辽保宁六年 北汉广运元年 十月，宋修五代史成。

976A.D. 宋开宝九年 宋太宗赵炅太平兴国元年 辽保宁八年 北汉广运三年

978A.D. 宋太平兴国三年 辽保宁十年 北汉广运五年 五月，钱俶献地于宋。吴越亡。

981A.D. 一部分诺曼人，在"红人"伊利克率领下，发现北美洲东北之格林兰岛。

983A.D. 神圣罗马帝国鄂图二世卒，其子嗣位称鄂图三世。

987A.D. 法兰西路易五世卒，卡罗林王朝终，凡二百三十五年。法兰西公爵卡佩·休，当选为法兰西国王。

991A.D. 高丽立社稷。逐鸭绿江外女真于白头山外。

996A.D. 拜占庭帝国巴细尔二世颁布土地法，大领地被没收者甚多，皆分配农民耕种。

998A.D. 匈牙利圣斯提芬（一世）即位。在位四十一年中，使匈牙利成为一真正王国。

1001A.D. 中亚细亚伽色尼王马哈德大举攻印度，虏旁遮普王斋帕尔，而并其地。

1006A.D. 拜占庭舰队以比萨城之助，与阿拉伯海军大战于累佐海面（在意大利半岛足趾前），获得胜利。

1009A.D. 高丽内乱起，大将康兆举兵，拥立太祖孙询，是为显宗元文王。

越南自黎桓称帝至是凡二十九年，越史称为黎朝。

1014A.D. 宋大中祥符七年 契丹开泰三年

九月，敌烈部反契丹。契丹攻高丽。

1017A.D. 宋天禧元年 契丹开泰六年

五月，契丹又发兵攻高丽，败还。

1019A.D. 宋天禧三年 契丹开泰八年

六月，宋河决滑州，泛澶、濮、郓、徐、齐五州。

1022A.D. 宋乾兴元年 契丹太平二年

二月，宋真宗死，太子祯嗣，是为仁宗，太后刘氏同听政。

1024A.D. 宋天圣二年 契丹太平四年

宋修真宗实录成。十月，宋始令诏书摹印颁行。

1026A.D. 宋天圣四年 契丹太平六年

二月，契丹略女真界，俘获不可胜计。

1029A.D. 宋天圣七年 契丹太平九年 二月，宋复置制举十科。

1030A.D. 宋天圣八年 契丹太平十年

六月，宋新修国史成。八月，契丹兵破东京，擒大延琳。

1033A.D. 诺曼第公"魔鬼"罗伯特侵英格兰，无功而返。

1035A.D. "魔鬼"罗伯特卒，其私生子威廉继位为诺曼第公。诺曼第在威廉时代成为一极有权力之封建国家。

1037A.D. 土耳其人托格立尔以尼沙泊尔为首都建立王国。

1052A.D. 宋皇祐四年 契丹重熙二十一年 夏天祐垂圣三年

五月，侬智高以宋却其贡物，聚众起事，破邕州，建大南国，号仁惠皇帝。

1057A.D. 宋嘉祐二年 契丹清宁三年 夏㸤元年

欧阳修知贡举，改革文风。泉州洛阳桥成。

1060A.D. 宋嘉祐五年 契丹清宁六年 夏㸤都四年

六月，契丹于中京置国子监。宋修新唐书成。是岁，名诗人梅尧臣死。

1067A.D. 宋治平四年 辽咸雍三年 夏拱化五年

正月，宋英宗死，太子顼嗣，是为神宗。

十二月，夏毅宗谅诈死，子秉常嗣，太后梁氏摄政。

1068A.D. 宋神宗赵顼熙宁元年 辽咸雍四年 夏惠宗秉常乾道二年

十二月，宋复夏国岁赐。

1072A.D. 宋熙宁五年 辽咸雍八年 夏天赐礼盛国庆三年　五月，宋行保马法。

1074A.D. 宋熙宁七年 辽咸雍十年 夏天赐礼盛国庆六年

王安石罢相。六月，宋以沈括提举司天监，制浑仪、浮漏成。

1092A.D. 阿拉伯苏丹马利克沙卒，其子巴克雅鲁克嗣位，王朝争端始。乱事四起，各地之塞尔柱酋长皆形同独立。

1094A.D. 法王腓力为离婚事与教皇乌尔班发生争执，被后者驱逐出教。

1096A.D. 第一次十字军于本年形成。

第一次十字军之第一二部分抵达君士坦丁堡后，皇帝即命之渡海峡至小亚细亚，为土耳其人全数歼灭。同年其他部分十字军亦到达君士坦丁堡。

1099A.D. 第一次十字军占领耶路撒冷，组耶路撒冷王国，部永之高弗黎当选为国王。

1113A.D. 宋政和三年 辽天庆三年 夏贞观十三年　六月，女真阿古打立为都勃极烈。

1118A.D. 宋重和元年 辽天庆八年 金天辅二年夏雍宁五年　道藏付印。

1120A.D. 宋宣和二年 辽天庆十年 金天辅四年 夏元德二年　正月，宋罢道学。

辽金和议不成，金帝自将攻辽，五月，陷辽上京。

十一月，睦州青溪方腊以花石钢扰民，聚众起义。东南大震；宋命童贯攻之。

1125A.D. 宋宣和七年 辽保大五年 金天会三年 夏元德七年 西辽德耶律大石延庆二年

正月，辽天祚帝奔党项，二月，为金所俘，封为海滨王。辽亡。十二月，金大举两路侵宋。

宋徽宗称教主道君太上皇帝，禅位太子恒，是为钦宗。

1142A.D. 中世纪法国著名哲学中阿伯拉德卒。英名史家马姆斯伯利之威廉卒。

1144A.D. 英格兰—诺曼第王国分裂。斯提芬仍为英王兼部罗涅（法国极北部）伯爵。哲夫利则为诺曼第公兼安茹、美恩与土朗（或作图朗）等地之伯爵。

1155A.D. 宋绍兴二十五年 金贞元三年 夏天盛七年 西辽绍兴五年

十月，宋相秦桧死。宋以秦桧死，令前所勒停编管诸人任便居住。

1159A.D. 宋绍兴二十九年 金正隆四年 夏天盛十一年 西辽绍兴九年

二月，金籍壮丁，造战船；八月，又调民马以备南侵。金境人民以不堪苛暴，纷起反抗，山东沂州、河北大名皆有数万，契丹人亦出没太行山，攻破数县。

1164A.D. 宋隆兴二年 金大定四年 夏天盛十六年 西辽承天皇后崇福元年

金以宋相汤思退主和，不修边备，乘虚渡淮，十一月，连下楚、濠、滁等州；宋遣使如金请和。十二月，宋金和议成，金宋为叔侄之国。

1167A.D. 宋乾道三年 金大定七年 夏天盛十九年 西辽崇福四年　正月，宋整顿会子。

王喆在宁海州全真庵聚徒讲道，创全真教。

1170A.D. 宋乾道六年 金大定十年 夏乾祐元年 西辽崇福七年

五月，宋修四朝会要成。十一月，宋严禁载钱过界。十二月，宋于江州、临江军、抚州置监铸铁钱。

文学家张孝祥去世。王喆卒。

1172A.D. 宋乾道八年 金大定十二年 夏乾祐三年 西辽崇福九年

三月，金北京民曹贵等谋反金，被杀。

1176A.D. 宋淳熙三年 金大定十六年 夏乾祐七年 西辽崇福十三年

金京府设学。五月，金以女真文译史记等书成。

1181A.D. 巴黎卢佛宫本年开始建筑

1186A.D. 阿富汗高尔朝夺取伽色尼最后根据地拉贺里，伽色尼王朝亡

1195A.D. 宋宁宗赵扩庆元元年 金明昌六年 夏天庆二年 西辽天禧十八年

宋右丞相赵汝愚罢，自是韩侂胄弄权，数贬逐朝官。

1197A.D. 宋庆元三年 金承安二年 夏天庆四年 西辽天禧二十年

十二月，金铸承安宝货。宋置伪学籍，共五十九人。

1199A.D. 宋庆元五年 金承安四年 夏天庆六年 西辽天禧二十二年

宋颁统天历，使用精密岁实数值。

十二月，宋稍弛伪学之禁。

1200A.D. 宋庆元六年 金承安五年 夏天庆七年 西辽天禧二十三年

宋理学家朱熹死。金医学家刘完素去世。

1201A.D. 在蒙斐拉（意大利西北部）公爵邦内非斯与弗兰德斯伯爵鲍尔温之领导下，组成第四次十字军，集中威尼斯，拟自海道进攻埃及。

1206A.D. 印度高尔王朝王穆罕默德帅师镇压哥喀尔人起义，遇刺死。高尔王朝大将古他布丁者，出身奴隶，奄有印度大半；因称其所创立之王朝为奴隶王朝。

1211A.D. 宋嘉定四年 金大安三年 夏李遵顼光定元年 西辽天禧三十四年 蒙古成吉思汗六年

蒙古成吉思汗自将攻金。

是岁，乃蛮屈出律汗废西辽主直鲁古自立；耶律氏自大石称帝，至是七十八年而亡。

1214A.D. 宋嘉定七年 金贞祐二年 夏光定四年 蒙古成吉思汗九年

五月，金迁都南京（开封）。金山东红袄军大起。

1217A.D. 宋嘉定十年 金贞祐五年 兴定元年 夏光定七年 蒙古成吉思汗十二年

宋招山东红袄军以困金，号为忠义。

1219A.D. 宋嘉定十二年 金兴定三年 夏光定九年 蒙古成吉思汗十四年

闰三月，宋兴元军士张福等起义，以红巾为号，是为红巾军。

成吉思汗第一次西征，历时五年，灭花剌子模等。

1231A.D. 宋绍定四年 金正大八年 蒙古窝阔台汗三年

八月，蒙古以使臣被杀攻宋兴元，沔州，破城寨百四十。

1233A.D. 宋绍定六年 金天兴二年 蒙古窝阔台汗五年

正月，金帝奔归德，其大臣崔立拥梁王完颜从属监国，以南京降于蒙古。

1236A.D. 宋端平三年 蒙古窝阔台汗八年　四月，宋帝以开衅蒙古，下诏罪己。

十一月，蒙古入宋淮西，前锋至合肥，攻真州不克。蒙古攻江陵，孟珙败之。

1239A.D. 宋嘉熙三年 蒙古窝阔台汗十一年

是岁，蒙古征服南俄平原。正月，宋孟珙屡败蒙古，复襄阳、光化等地。

1241A.D. 教皇格累戈里九世在罗马召集宗教会议，废黜腓德烈二世。腓德烈发大兵攻教皇国，几陷罗马。

1245A.D. 神圣罗马帝国教皇英诺森四世在里昂（法国）召开第十三次宗教大会，决定驱逐皇帝腓德烈二世出教。

1248A.D. 法王路易九世组十字军，出发后在赛普拉斯岛渡冬。

西班牙东南部伊斯兰城市格兰拉大之阿尔罕布拉宫，约在此时建造。

1253A.D. 宋宝祐元年蒙古蒙哥汗三年

九月，蒙古忽必烈分三道攻云南，十月，降摩些，十一月，降白蛮，十二月，入大理。

普济撰成《五灯会元》忽必烈从八思巴受佛戒

1256A.D. 宋宝祐四年蒙古蒙哥汗六年　是岁，蒙古开通云南与西川之路，会师侵宋。

1260A.D. 宋景定元年蒙古忽必烈汗中统元年

蒙古忽必烈称大汗于开平，是为世祖。蒙古忽必烈自将讨阿里不哥，内战以起。

1267A.D. 宋咸淳三年 蒙古至元四年　回回历《万年历》编成。

1268A.D. 宋咸淳四年 蒙古至元五年

三月，蒙古罢诸路女真、契丹、汉人为达鲁花赤者，其回回、畏吾儿、乃蛮、唐兀人仍旧。八月蒙古围襄阳。

1269A.D. 宋咸淳五年 蒙古至元六年

二月，蒙古颁行八思巴所创新字。三月，蒙古围宋樊城，宋军拒战，大败。

1270A.D. 宋咸淳六年 蒙古至元七年

蒙古遣兵入高丽，立行省，设达鲁花赤监其国。五月，宋四川军与蒙古军战于嘉定、重庆，皆败。

1264A.D. 牛津大学学院制约在此时形成。

1267A.D. 法兰西路易九世决再组十字军。

1269A.D. 十三世纪中叶前后，法国国王遇有重要事件，除召集僧侣与贵族商讨外，亦间常召集有关城市之市民代表参加。此类会议被称为"三级会议"。

1270A.D. 第八次十字军参加者有法王路易九世、英国亲王爱德华与拿波里王查理。

辽穆宗被杀

保宁元年（969）二月，辽穆宗耶律璟被近臣杀死。

辽穆宗嗜酒，常昼寝夜饮，不恤国事。为人喜怒无常，动辄滥杀无辜。到了晚年，更加暴虐，左右侍从稍有过失，就可能被杀死弃尸荒野。因而在他周围，人人小心翼翼，每日忧虑恐惧。

保宁元年（969）二月，辽穆宗在怀州（今辽宁巴林佐旗东镇）春猎，一

辽壁画《驭者引马》，存于陈国公主驸马合葬（今内蒙青龙山）中。

日酒醉后回到行宫，索食不获，欲斩厨子。近侍小哥、盥人花哥、庖人辛古等6人恐祸及自身，便借服侍他进食之机，将他杀死。

穆宗死后，侍中萧思温、南院枢密使高勋等拥戴辽世宗的第二个儿子贤即帝位，是为辽景宗。景宗改元为保宁。

萧思温被杀

辽保宁二年（970）五月，辽北院枢密使、北府宰相萧思温被政敌暗杀。

萧思温小字寅古，辽太宗时由奚秃里太尉累迁南京留守。在辽国当时的两帐国舅（一帐为太祖淳钦皇后的父族一支，另一帐为淳钦皇后母前夫之族一支）的派系斗争中，萧思温属于淳钦皇后的母前夫之族。这两个对立的利益集团一直在争夺着与皇帝联姻的权力。穆宗（耶律璟）被弑后，萧思温拥立耶律贤（景宗）有功，迁北院枢密使，兼北府宰相。他的女儿也被景宗册立为睿智皇后。这就宣告了母前夫一族在后位争夺战中的成功，使两帐国舅政治力

量的对比出现了变化，从而引起了对立派的忌恨。次年五月，国舅萧海只、萧海里在同箫思温一道随景宗往闾山狩猎途中行刺，暗杀了萧思温。萧海只、萧海里被俘处死。萧思温被追封为楚国王。

三千打六万

宋开宝三年，也即辽保宁二年（970）十月，辽国发骑兵六万来围攻宋的定州（今河北定县）。宋太祖赵匡胤下诏，命令判四方馆事田钦祚率领三千士卒前去抵御。临行前，太祖告诉他退敌的计策："敌众我寡，只可依城设防，敌攻即打，敌退勿追。"田钦祚率兵与辽军大战于满城，辽军稍稍退却，宋军就乘胜追击，逼近了遂城，战斗中辽军死伤惨重。夜里，宋军占据遂城，辽军从四面围攻。田钦祚坚守几天后，城中粮草将尽，于是他率兵从南门冲杀出去，当晚到达保寨，却没有损失一兵一卒。这就是有名的"三千打六万"，创造了以少胜多的著名战例。

辽宋军大战于高梁河和满城

太平兴国四年（979），宋太宗平定北汉之后，转兵攻辽，企图乘辽不备，将石敬塘割让给辽的幽云十六州一举攻取。

六月，宋太宗亲率数十万大军，自镇州北上攻辽。辽急派北院大王耶律奚底统军来战，宋军在沙河与辽军接战。辽军大败，宋军乘胜追击，一直打到幽州城下。幽州即今北京，当时为辽南京都府。宋军围住幽州城，暗中挖掘地道，又四面猛攻，但都被辽军击退。宋太宗无法，只得屯兵于坚城之下。辽景宗耶律贤得知幽州被围，急命宰相耶律沙与耶律休哥率援兵来救。辽宰相耶律沙率援军先到，与

宋军中下属军官佩带的铜牌，用来表明身份。

宋军战于高梁河畔，被宋军击败。

当晚，耶律休哥率后军抄小道赶到，立即与耶律沙及辽南院大王耶律斜轸合军一处，分成左右两翼。辽军汇合之后，力量甚强，分左右夹击宋军，宋军疲于应付。辽幽州守军听到援军到了，也大开城门，率队出击。宋军三面受敌，顿时大乱，溃不成军，万余人战死。宋太宗中了流矢，坐上一辆驴车向南奔逃。耶律休哥率精锐骑兵乘胜追击，一直追到涿州城下，缴获兵仗、符印、粮食、货币多得不可计数。

高梁河之战后，宋军被迫退守瓦桥关南、定州、镇州一带。辽景宗为报围燕之仇，于太平兴国九年（984）四月派兵南下，进攻宋朝。

辽燕王韩匡嗣统率耶律沙、耶律休哥等各部10万大军，南下攻宋。一路挥师直进，到达满城西，集结兵力，准备向镇州发动进攻。宋镇州守将刘延翰在徐河设阵待敌，此外，瓦桥关南守将崔彦进率兵在辽军侧背秘密迂回，以图夹击。定州、镇州两军守将都率部到达满城，按照太宗所授阵图，将军士列为8阵，准备迎战。

宋太宗时"神卫左第四军第二指挥第五都记"

铜印，用来控制军队、处理公务。

辽军大举进攻，宋将登高而望，见辽兵漫山遍野，潮水般卷来。欲按太宗所授图布阵，阵相距不到百步，将士都疑心重重，斗志松懈。镇州都监李继隆见状，主张变阵图，改8阵为2阵，得到诸将的支持。宋军略施一计，派使到辽营诈降。辽大将耶律休哥认为宋军严整有序，并非真降，劝燕王严兵以待。韩匡嗣不听。宋军乘机从三面向辽军发起攻势，韩匡嗣猝不及防，全军溃乱，纷纷回逃。宋军乘胜追击，斩首万余，获马匹上千，得到兵器、羊畜等不计其数。辽景宗大怒，列举了韩匡嗣五条罪状，从重发落。满城之战，宋军获全胜。

塞北三朝的文明

杨业雁门关大捷

太平兴国五年（980）三月，辽为雪满城之耻，命西京大同府节度使、驸马、侍中萧咄李率兵10万杀奔雁门关，又一次大举攻宋。宋知代州兼三交驻泊兵马部署杨业，率数百精骑绕过辽军，在敌后迂回，出其不意，由雁门关北口南向袭击辽军。辽军攻关受挫，"后院起火"，顿时溃乱。雁门关守军趁势开关掩杀过来，前后夹击，辽军大败溃逃，驸马萧咄李被杀，马步军都指挥使李重海被活捉。

雁门关大捷的指挥者杨业，原名刘继业，北汉勇将，号称"无敌"。太平兴国四年（979）

雁门关

五月，宋伐北汉，刘继元献城投降后，刘继业还继续据城苦战。宋太宗爱其忠勇双全，很想收归己用，于是命刘继元招抚刘继业。刘继业为保全城中百姓，开城受降，迎接宋军。宋太宗授右领军卫大将军，复姓杨氏，名业。后又任命杨业为郑州防御使。十一月，宋太宗委以知代州兼三交驻泊兵马部署的要职。

宋军败于瓦桥关

辽景宗耶律贤于辽乾亨二年（980）十月亲率20万大军，从南京幽都府（今北京）经固安南下攻宋。辽军一路杀来，月底进围易水北岸的瓦桥关（今河北雄县南关）。

十一月一日夜，易水南岸的宋军渡河袭击辽营，企图解瓦桥关之围，但

被辽军击退。初三日，瓦桥关告急，宋又派兵救援，被辽北院大王耶律休哥阻于城东。瓦桥关守将张师为大势所逼，冒险突围。辽景宗亲自督战，耶律休哥跃马入阵，挥刀将张师斩于马下，宋军只得又退回城中。耶律休哥率精锐骑兵渡过易水，前冲宋阵，宋军抵挡不住，四散溃逃，耶律休哥乘胜追歼，一直追到莫州（今河北任邱），宋兵死伤惨重。后来，辽景宗听得宋太宗要御驾亲征，于是见好就收，班师回朝。

辽太后摄政

辽乾亨四年（982）九月，辽景宗耶律贤在焦山去世，其长子梁王耶律隆绪继位，即圣宗，其母承天皇太后摄政。

承天皇太后是辽景宗的皇后，姓萧，名绰，小字燕燕，通常称为燕燕太后，是辽国著名的有才略、有作为的政治家、军事家。

辽景宗在即位后不久便册立燕燕为皇后，由于他体弱多病，常不

辽代的壁画"双龙"，位于内蒙古巴林右旗庆陵。

视朝，朝中军政大事，多由燕燕决定。辽景宗驾崩后，燕燕被尊为皇太后，即位的圣宗耶律隆绪年 12 岁。燕燕面临母寡子弱、族属雄强、边防未靖的局面，她以超人的胆略摄政，直到统和二十七年（1009）去世，共掌理朝政 27 年，使辽国步入鼎盛阶段。

燕燕太后当政期间，一方面大力提拔有经国之才的契丹官员，一方面也重用汉族官吏，特别倚重以汉人宰相韩德证为首的汉官集团，对辽国制度进行了一系列改革，扭转了穆宗朝以来的中衰之势。燕燕太后善于驾驭左右大臣，群臣竭忠尽智。同时她自己也习知军事，亲自率军驰骋疆场。在澶渊之役中指挥三军，赏罚分明，为辽国的胜利立下汗马功劳。辽圣宗对母亲燕燕太后评价极高，认为辽军披靡，太后有教训之功。

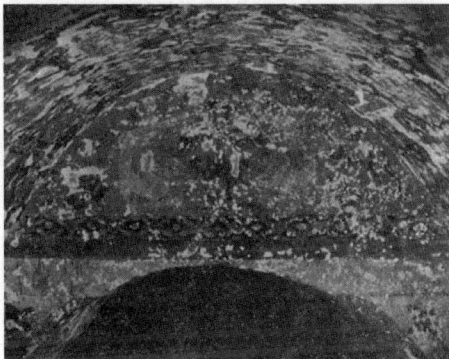

燕燕太后死后谥为圣神宣献皇后，辽兴宗重熙二十一年（1052），更号为睿智皇后。

辽崇儒学

从契丹人立国起，契丹人便受到中原汉族文化的影响，开始接受儒家思想。

辽国建立后不久，儒家思想便受到尊崇。神册三年（918），辽太祖阿保机接受太子耶律倍的建议，下诏建造孔子庙，并令皇太子每年春秋两季祭奠孔子。次年，太祖亲至孔子庙祭祀。可见阿保机只是把孔子当作神来崇敬，而耶律倍才是辽初最早接受儒家思想并提倡尊孔的契丹贵族。

及至辽占领燕云十六州等北方汉族地区后，辽统治者开始学习借鉴汉族统治者的治国安民之策，更进一步地提倡尊崇儒学，甚至把儒家思想做为治国平天下的准绳。

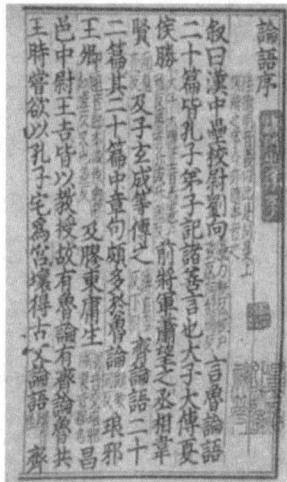

圣宗耶律隆绪十分推崇唐太宗、宋太祖、宋

宋代刻本《论语》

太宗，好读《贞观政要》及唐太宗、玄宗实录等。而历史上唐太宗、宋太祖、宋太宗都是受儒家思想影响较深的又有作为的君主，圣宗视他们为楷模，反映他对儒家治国思想的推崇。统和元年（983），圣宗下诏，命令对"民间有父母在，别籍异居者"治罪，对邻里知情不举者也要定罪，而对有孝于父母、三世同居者进行表彰。这些措施完全是把儒家倡导的伦理道德标准政策化。兴宗耶律宗真也爱好儒术。重熙十五（1046）年，他令萧韩家奴与耶律庶编纂礼典，以"明礼义，正法度"。道宗耶律洪基更是如此，他曾召翰林学士赵孝严、知制诰王师儒等讲《五经》大义，并召枢密直学士耶律俨讲《尚书·洪范》，甚至还请汉人为他讲《论语》。为了更广泛宣传儒家思想，他还下诏征求乾文阁所缺经籍，令儒臣校勘刊印，同时颁发《五经》传疏，并设置博士、助教各一员，诏谕学者要"穷径明道"。

由于辽历代统治者对儒学的推崇与倡导，在统治者上层及各族士人中出现了不少精通儒学的学者，都得到了辽统治者的重用。至于一些士人，更是动辄引经据典，以儒家标准品评人物。如耶律孟简在《放怀诗》序中征引《易经》中"乐天知命故不忧"句，并称赞孔子得意弟子颜渊的乐天知命，借以抒发自己的情怀。杨佶在为人写的墓志铭中称赞其人"谈论清简，履古人行，为君子儒"。

甚至到了辽朝末期，有的下层官吏对儒家经典都很熟悉。说明了辽朝官员对儒家经典的尊崇和熟谙程度。

辽独乐寺建筑群建成

中国的木构建筑起源很早，原始社会的简陋木房是其雏形。到宋代，木构建筑已发展到相当水平。当时与宋对峙的北方辽国，其建筑技术因师法中原，也出现了不少建筑杰作。辽统和二年（984），独乐寺建筑群的建成就是证明。

独乐寺观音阁

独乐寺建筑群，属于佛教寺院，在今天津市蓟县城内。在辽以前已有寺。984年，官位显赫的辽国节度使韩匡嗣，建了独乐寺的山门和观音阁，并修整了原寺，使独乐寺发展成为建筑群。

寺南向，山门三间四架，采用殿堂分心斗底槽结构形式。两次间中柱间垒墙分为内外间，两外间各塑金刚像一座，两内间各绘二天王像，心间内柱间安双扇板门，空间利用紧凑得宜。内部彻上明造，朴实无华，以结构的逻辑性表现出艺术效果。

观音阁在门内中轴线上，下为低平台基，

力士像

十一面观音像，高16米，是中国最大的观音泥塑像之一。

观音塑像

前出月台，面阔5间，20.23米，进深四间，14.26米。阁外观2层，但腰檐平座内部是一暗层，故结构实为3层，覆单檐九脊顶，通高23米余，柱子有侧脚和生起，它的整个外形轮廓稳重而又轻灵舒展。

山门和观音阁都是屋坡舒缓，出檐深远，斗拱雄大疏朗，保留有明显的唐代风格。阁内有内柱（金柱）一周，形成内、外槽相套的空间，内槽中心佛坛上立高达16米的彩塑观音像，通贯3层，两侧各侍立一菩萨。内槽中空，直贯上下，各层向内挑出栏杆围绕大像。中层栏杆平面长方，上层六角，较小，大像头顶的天花组成八角攒尖藻井，更小，呈现出韵律的变化并增加了高度方向透视错觉。大像略前倾，以减少仰视的透视变形。上层较为开敞，使大像头胸部显得明亮，增加了崇高感。门和阁的距离适中，不过分远，以突出阁的高大；也不过分近，当立在山门内时，可以看到包括屋面在内的阁的完整形象。这些结构形式和处理方法，反映出中国古代建筑可以适应各种使用要求。

将观音阁和山门的规制与现存其他唐、宋建筑比较，可确认这两座建筑在中国现存古代木构建筑中建造时间是比较早的，包括它们在内的独乐寺建筑群，结构精妙，艺术超群，是中国古代建筑中的典范。其中观音阁还是现存最早的楼阁。

辽圣宗开科

辽圣宗统和六年（988）十二月，圣宗下诏开贡举，放高举一人及第。辽从此正式开科取士。

辽科举取士，起初并没有为汉人设科。辽景宗保宁八年（976），景宗下诏恢复南京礼部贡院，只进行了一些局部的科举取士。圣宗时，局部科举得以扩大，并且成为惯例，废除了种种限制，才称得上正式开科。辽科举有乡试、省试、府试三级。乡中叫乡荐，府中叫府解，

浓眉大眼，八字须，身穿圆领窄袖长袍的契丹人（内蒙古库伦旗辽墓中壁画）。

省中叫及第。统和六年（988），放高进士一人及第，一直到统和二十三（1005）年，及第进士都很少，一般不超过六人。从统和二十四年（1006）起，进士人数猛增，每年及第者多达几十人。辽圣宗开科取士促进了契丹王朝的封建化和汉化，对辽王朝的巩固意义重大。

女真主投降辽国

淳化二年（991）十二月，女真族投降于辽国。

活动于东北范围内的女真族，素来与汉族交好，年年纳贡，岁岁来朝。

后契丹崛起，和中原交恶，便百般阻挠女真和中原的关系。宋太祖时，辽为了阻止女真朝贡宋朝，便在女真通向宋朝的必经之路上置设了三道栅栏，

女真贵族身上配带的装饰品

每栅都设兵三千，断绝女真的贡路。

淳化二年（991），女真首领野里雉遣派使节从海路入朝，上言说，契丹对其每年朝贡于宋十分恼怒，并设立障碍以阻挡其贡路，请求宋朝发兵与女真各部共平三栅。并祈求宋朝告诉发兵的日期，女真立即聚集兵马等待出击。但是太宗皇帝只降诏表示抚谕，而拒绝出师助女真。女真闻讯非常愤怒，在走投无路之下只好投降辽国，表示归顺。

女真降辽，使宋氏王朝失掉了一个强大的附属国。

辽捺钵制度固定

辽朝建立前，随四季的变化，逐水草而迁徙，是契丹人在游牧和渔猎生活中养成的习俗。辽朝建立后，皇帝依然四时游猎，并在游猎之地设置行营，于是，捺钵制度逐渐形成。

捺钵在契丹语中为"行营"之意。皇帝常驻某地为斡鲁朵，皇帝外驻行营为捺钵。由于捺钵是按春、夏、秋、冬四时进行，因此，捺钵又称"四时捺钵"。四时捺钵在辽中期已固定下来。

永庆陵壁画中的"冬捺钵"情景，保持了"行国"的特点。

春捺钵地点在鸭子河泺，大致在长春州（今吉林扶余他虎城）东北的鱼儿泺和混同江（今第二松花江）一带。这里河网密布，鱼类众多，而且还是天鹅、野鸭、大雁栖居之所，便于纵鹰弋猎，凿冰捕鱼。皇帝在正月上旬从京城出发，约60天到达这里。这时，天鹅还未来，于是先搭设冰帐，凿冰钩鱼。等到鹅雁飞来时，便开始纵鹰捕捉，晨出暮归，从事弋猎。鸭子河泺东西20里，南北30里。四面多是黄沙，有成片成片的柳树、榆树、杏树等。在皇帝畋猎时，皇帝本人居一高处观看，侍从都穿墨绿色衣服，每人各执锤一个，鹰食器皿一个，刺鹅锥一把，在泺周围排列。一旦发现鹅、雁来时，举旗报信，探骑

驰报，远泊则敲鼓惊鹅。鹅被惊起之后，侍从赶紧挥舞旗帜，鹰坊官迅速向皇帝呈进训练好的海东青鹰，请皇帝亲放。鹰会腾空飞起，在空中擒捕天鹅，天鹅坠地后，近侍从用锥刺鹅，取出鹅脑喂鹰。皇帝就用春捺钵中得到的第一只天鹅祭祀祖先。群臣也敬献酒果，乐队演奏，君臣举酒相贺，头上插鹅毛以为乐。整个春捺钵，弋猎网钩，春尽乃还。

夏捺钵的地点在庆州附近的永安山和归氏州的炭山。永安山和炭山两地，夏季草场茂盛，降水充足，气候凉爽，而且野生动物甚多，是夏季猎狩的好地方，也是理想的避暑胜地。

秋捺钵在永州（今西拉木伦河与老哈河汇合处西南）西北 50 里的伏虎林。每年七月中旬，皇帝都要来到这山水秀绝、麋鹿成群的地方，逐虎射鹿，尽猎野味。

冬捺钵的地点在永州东 30 里的广平淀。广平淀原名白马淀，东西 20 余里，南北 10 余里，地势平坦，四野多沙，榆柳成荫，而且这里冬天一向少雨多晴，温暖如春。是冬季活动最适宜的地方。

辽帝的四时捺钵，并不是单纯的游猎小憩，其目的一方面是为了保持契丹人惯骑善射的尚武精神，另一方面也趁机集中群臣商讨国家大事。因此，每次捺钵，朝中大小臣僚都要跟随。

辽代捺钵的禁卫制度对金、元、清三朝都有很大影响，元代怯薛制度就是源出于辽代捺钵。

契丹建中京

辽圣宗统和二十五年（1007）正月，辽在原奚王牙帐地初步建城为都，号曰中京，府名大定（今内蒙古宁城县城）。

中京城是模仿汉址都城的式样和制度建造的，土木工匠也是从燕蓟挑选来的，城之郛郭、宫掖、

辽墓壁画契丹人引马图

楼阁、府库、市肆、廊庑等格局，既仿宋都汴京的建制，又保留了本土特色，历时两年完成，并迁进汉人，是辽的五京之一。

城中有皇室祖庙，景天和承天后御容殿。设大同驿接待宋朝使臣，朝天馆接待高丽使臣，来宾馆接待西夏使臣。中都城建成后，皇室及辽朝中枢机构多驻于此，成为辽朝主要的陪都。中都城为契丹人所自建，虽显卑陋，但也是契丹人汉化的一个明显表现。

辽陶瓷发达

辽代的陶瓷业比较发达。其制造陶瓷技术直接继承了唐宋北方陶瓷传统，即唐三彩、宋三彩、宋定窑系和磁州窑系的传统，并结合契丹民族游牧特点创造出具有独特风格的辽瓷。

辽代的制瓷业遍及南京、上京、东京、中京等城镇。但主要有三处：林东上京窑、赤峰缸瓦窑和北京龙泉务窑。

辽瓷种类很多。最常见的是白瓷，辽攻北宋，俘获大批定州陶工，而北宋定窑生产的白瓷最为有名。辽仿照定窑生产的"仿定"，色白而滋润，其白度和透光度可与定窑白瓷相

辽代瓷器三彩印花水注

媲美。除白瓷外，辽代青瓷釉色美丽光亮，绿釉瓷以深绿色为多，古朴大方。辽三彩的烧制技术也很高，瓷质精细，釉色斑烂。辽三彩鸳鸯壶，是辽三彩中的珍品。

辽瓷的外形和纹饰，具浓厚的民族特色。如鸡冠壶、鸡腿壶、长颈瓶、扁背壶、凤首瓶、海棠式长盘、方碟等制品，都是辽瓷中所特有。如鸡冠壶，壶身上扁下圆、单孔、平底，便于马上提携。凤头瓶原为西亚器形，唐时传

入中国，辽又受其影响，并向高瘦细长变化，显得挺拔俏丽。辽三彩，受唐、宋三彩影响，一般为黄、绿、白三色；不如唐三彩华丽，也不如宋三彩典雅，但它外表多仿当时染织纹式样，色彩热烈，很有特色。辽三彩多做印花盘碟，形态有方形、圆形、花形等。辽宁新民出土的三彩印花海堂式长盘，黄花、绿叶、白地，极有特色。

辽寺庙壁画繁荣

　　辽时期，佛教兴盛，寺庙众多而且规模巨大，寺庙壁画也随之繁荣。

　　高益是契丹族的著名画家，他善画番马，尤精于鬼神画。殿堂壁画《搜山图》是他的代表作。该壁画是依据民间传说隋朝嘉州太守赵昱斩蛟龙被封为二郎神，与哪吒一起搜山降魔的故事进行加工绘制而成。画家通过传统的神话题材，把人间残酷的现实曲折地隐喻在山林禽兽身上。

　　建于辽重熙十三年（1044）的无垢净光舍利塔，其方形地宫四壁也绘有精美的壁画。南壁绘有大力鬼王，东壁绘有啖精鬼，北壁绘有多闻天及夜叉、吉祥天，西壁绘有臭饿鬼。置身其中，阴森恐怖。河北定州静志寺塔建于宋太平

四天王像之南方增长天王

四天王像之东方持国天王

兴国二年（977），地宫北壁绘释迦牟尼真身舍利牌位，两侧为十弟子，东西两壁绘《梵王帝释礼佛图》，南壁券门两侧画天王，西侧一身右手持剑，东侧一身右手持剑、左手托塔。同是定州的净众院舍利塔，地宫北壁是佛涅槃像，东西两壁为天王伎乐，顶上画飞天，凤凰。山西应县佛宫寺释迦塔，塔高66.7米，是现存时代最早的大型木塔。塔内壁画为辽代工匠精绘，其《四天王像》和《供

019

养天女》分别刻画出威武雄壮、气势逼人和柔姿多彩、风韵动人的两种不同的形象特征。

另一表现辽代壁画艺术水平的是契丹墓室壁画。随着契丹统治者入主燕云十六州并不断汉化，其墓室壁画的内容和形式既有契丹人草原游牧民族生活气息，也有中原汉族生活特点。内蒙古巴林右旗三陵中的东陵葬辽圣宗耶律隆绪，墓壁的《四季山水图》刻画了各种季节出没在山林之中的飞禽走兽，笔法简洁，野趣横生。而且周围群臣肖像，个个惟妙惟肖，栩栩如生。

《供养天女》

辽代寺庙壁画，对于研究辽代的社会及文化具有多方面的历史价值。

辽乐舞兼采蕃汉

契丹民族及其之后建立的辽国，一直保持着与唐、宋等汉族皇朝的广泛交流，因此在文化艺术上一方面继承了北方游牧民族的特色，同时对中原汉族文化进行吸收、融合，因而形成了蕃汉兼采的独特艺术风格。辽国乐舞就是这种风格的突出表现。

契丹整个民族都能歌善舞，但《辽史》记载的大多只是宫廷里的奏演乐舞。辽代的宫廷乐舞，从功能和形式上看，主要可以分为宫廷宴享乐舞和祭祀礼仪性的雅乐舞两大类。

宫廷宴乐舞，是经后晋传入辽的唐代宫廷"燕乐"、"坐、立部伎"的部分乐舞和"大曲"的某些舞段，辽称大乐。大乐直接来源于后晋，后晋高祖时（936~942）派遣冯道等为应天太后、太宗皇帝册礼祝贺，所带的乐器、乐官、乐工等留在辽宫廷，这是辽国大乐的开始。但乐舞内容

辽墓中的壁画散乐图，描绘了辽国出行中散乐队组列之一，一人吹箫，一人槌鼓。

渊源于唐代，它们是唐代著名的《景云乐》、《庆善乐》、《破阵乐》、《承天乐》，坐部伎的规模、乐器与唐代也基本一致。大乐多在元旦举行宴会盛典时使用，同时还要演奏"曲破"。"曲破"也源于唐，是唐"大曲"中快节奏舞蹈。

另一种宫廷宴乐舞"散乐"比大乐更早一点传入辽宫，据《辽史》载，后晋天福三年（938），派刘昫带伶官、乐工到辽国，从此辽国有了散乐。散乐实际上是汉代百戏传统的延续，与北宋宫廷的散乐极相似，包括歌舞、角抵、俳优杂剧、马戏等多样节目。一般在皇帝生辰、宫廷册封仪典、宴请使臣等场合应用。散乐较大乐更加活泼、欢快，娱乐性更强，适合于酒宴上助兴，往往在"大乐"之后以散乐来收尾。河北宣化出土的辽天庆六年（1116）的墓葬，其中有一幅"散乐图"的壁画，画面显示一支演奏着笙篪、排箫、横笛、筝、

辽墓中的壁画乐舞，描绘一支12人组成的散乐图。

辽墓中的壁画乐舞，描绘舞女弹琵琶，吹筚篥及跳舞的姿态。

琵琶、大鼓等乐器的小乐队前，一舞者倾身抱肘起舞，他头戴幞头，身着束带长袍，足蹬毡靴，一腿曲膝半蹲，一腿向前伸出，足尖翘起，舞姿典雅从容。

辽宫的宴乐舞也并非全自中原引进，其中元旦晚上皇帝宫廷宴饮时间必用的"国乐"，就是契丹民族的传统乐舞。据宋人张舜民《画墁录》载，契丹用三百多人庞大乐舞队列迎候宋朝访辽使节，其舞蹈没有旋转的高难动作，只是在鲜明的节奏中，"伸缩手足"。这表明北方少数民族舞蹈豪迈粗犷。节奏铿锵、动作分明的特有风格。国乐就是这种契丹民族风格强烈的乐舞，生活气息更浓郁，更生动活泼，更具娱乐性。

宫廷乐舞中的"雅乐"，则完全仿效中原汉制，它是从后晋和北宋宫廷吸收而来的，大多在元旦朝贺、尊号册礼等严肃仪典的场合使用。统和元年

（983）册封承天皇太后时，就是按汉族宫廷的雅乐传统，设宫悬（四面乐悬）于殿庭，使用乐工达二百多人，所用八音乐器大抵依照唐代旧制，所谓"四面乐悬"，就是沿用了自西周以后历代帝王"宫悬"的用乐标准。太平元年（1021）和兴宗行尊号册礼等场合，均用雅乐礼仪。雅乐所用音乐作品称"十二安乐"，源于唐代，初名"十二和乐"，包括十二部成套作品，经后梁、后唐、后晋一再改名沿用而后传入辽国。

　　辽国乐舞之所以形成这种蕃汉兼采的风格，是因为契丹民族与中原汉族保持长久的紧密联系的结果。契丹人早在北魏就与之有贸易往来，随后隋唐、后唐、后晋及北宋时期均保持广泛的交流，特别是建立了辽国后，采取"号令法度，皆遵汉制"的方针，形成了一种对汉族文化主动积极地吸收兼融的态度，在乐舞的风格上蕃汉兼采的独特性由此而形成。

辽乐府繁盛

　　乐府，本是汉代专门掌管音乐的官署名称，由乐府机关所编录和演奏的诗辞则称为"歌诗"。魏晋六朝时人开始把这些歌诗称为"乐府"或"乐府诗"。这些入乐的歌辞独立成类，区别于讽诵吟咏的徒诗，即"乐府"与"古诗"相对并举。在文学史上，乐府还指魏晋以后的历代作家仿乐府旧题而立新意的歌辞，或题与意俱为新作的歌辞。

　　辽代乐府多为鼓吹乐，又名短箫铙歌乐，史称仅圣宗就制作了百余首。但今存数量不多，内容多是颂圣，风格趋于典雅凝重，文学价值不高。除此之外，辽代乐府也包括一些民歌作品，相较而言，民歌更通俗流畅，反映了人民群众的思想感情和文学创作能力。如《国人谚》直斥统治者误国误民，寓愤怒之情于调侃，表达了对统治者的蔑视。辽代乐府民歌流传广泛，为人民群众所喜闻乐见。

　　辽代写诗的多是帝王重臣。另外有一些诗人也名噪一时，其中尤以汉族诗人为多，他们或者参与唱和，或者自感身世，可惜作品大都湮没无传。从现存作品看，汉族诗人的水平显见高于辽人，技法很娴熟。由于汉、辽诗人的贡献，辽代乐府既保持了强悍质朴的民族风格，也吸收了中原诗歌流派的

特色，在中国文学史上有自己的一席之地，但总的说，辽乐府的水平未得到充分的发展。辽墓中的壁画散乐图，描绘了辽国出行中散乐队组列之一，一人吹箫，一人槌鼓。辽墓中的壁画乐舞，描绘一支12人组成的散乐图。辽墓中的壁画乐舞，描绘舞女弹琵琶，吹筚篥及跳舞的姿态。

元昊继位建西夏

显道元年（1032）十月，夏国王赵德明去世，其子29岁的元昊在同年十一月继位。元昊在继位之初，即已萌立国之志。

此后，元昊虽表面上仍向宋朝、辽朝称臣纳贡，但其车马、服饰、仪卫都是按照帝王的规格设计的。此后又采纳谋臣杨守素的建议，改显道年号为开运，"建元表岁，以示维新"，后又改为广运。

显道二年（1033）五月，元昊开始建立新的官制体系，设立文武官职，设立的衙门中有中书、枢密、三司、御史台、开封府、翊卫司、官计司、受纳司、农田司、群牧司、飞龙苑、

宁夏银川西夏王陵区的雕龙栏柱

磨勘司、文思院，这些衙门的职掌大多与宋朝相同。此外，元昊还下令区别文武官及百姓的服饰式样。

大庆元年（1036）九月，元昊又开始改革兵制，使西夏士兵人数大增。元昊并将士兵分成左右厢，设立十二监军司，各监军司驻扎在固定的地区，每监军司设有都统军、副统军、监军使各一人。

与此同时，元昊开始彻底改革其所统治区内的传统风俗习惯。显道二年（1033）三月，元昊颁布秃发令，使西夏地区百姓发式区别于汉族。大庆二年（1037）正月，元昊还根据自己的意图创造了蕃字，然后他又命令野利仁荣对这些文字加以演绎，成为西夏自己的文字。同年十一月，元昊又下令设立蕃、汉二字院，负责与宋朝及其他地区有关的文字。在本年的七月，元昊再次下令重新制作了

023

原先沿用汉族的礼乐制度，并将此制度颁行全国，严令执行。

在建立各种制度和改革传统风俗的同时，元昊不断攻城掠地。大庆元年（1036）七月，元昊攻占了宋朝沙（今甘肃敦煌）、瓜（今甘肃安西东南）、肃（今甘肃酒泉）三州。在元昊建国前，他已占据夏（今内蒙乌审旗南）、银（今陕西横山东）、绥（今陕西绥德）、静（今宁夏银川南）、灵（今宁夏青铜峡东）、盐（今陕西定边）、会（今甘肃靖远）、甘（今甘肃张掖）、凉（今甘肃武威）、沙等州，基本上确立了西夏的版图。

天授礼法延祚元年（1038）十月，元昊与野利仁荣、杨守素等人商定由元昊称帝，建国号为大夏，改年号为天授礼法延祚。元昊任命野利仁荣、嵬名守全、张陟、张绛、徐敏、张文显等分别任中书、枢密、侍中等官职，专门负责为元昊出谋划策；委任杨守素、钟鼎臣、嵬名聿荣、张延寿等人为官计、受纳等诸司官员，专门负责文秘工作；野利旺荣、野利遇乞、成逋克成等人分别驻扎十二监军司所管辖的地区，具体负责军事工作。元昊还任命了其他各级官僚。这样，西夏国就正式建立起来了。

西夏承汉制

西夏开国皇帝李元昊深受汉族儒家文化的熏陶，在建国以前就依照宋朝官制设立中央政府机构，由中书省和枢密院分别掌管文武两班官员。枢密院是西夏最高的军事统御机关，下属同知、副使、佥书、承制等官。在枢密院以下与军事有关的机构有翊卫司、飞龙院、群牧司、官计司等。西夏建国后，李元昊更建立了完备的中央官制和地方官制。

中央行政机构包括：中书省、枢密院、三司、御史台、开封府、翊卫司、官计司、受纳司、农田司、群牧司、飞龙苑、磨勘司、文思院、蕃学、汉学等。这一套完整的官制

西夏王陵区的女像石座

中央机构与宋朝大同小异，各官职和部门的权限亦能从宋官制中推知，只是开封府为仿宋都开封地方政府而设置，用以管辖西夏国都城兴庆府的。"蕃学"、"汉学"则是皇室设立的学习文化、培养官吏的教育机构。

1039年，李元昊又改革官制，仿照宋朝设立尚书省，设尚书令，用以掌管考核百官及庶府之事。并把宋制设立的24司减少为16司，隶属于尚书省，分别管理六曹。到了毅宗李谅祚时，又废除"蕃礼"，用宋"汉仪"，并改官制，又设立各种尚书、侍郎、南北宣徽使、中书、学士等官职。到了仁宗李仁孝时中央官制更加完备，并详细列定中央各官职的品级高低。

西夏陵区出土的印

西夏地方行政建制基本上用宋州、县两级制，此外，在政治中心和军事国防要害之地还设置郡和府，如李元昊为军事目的升肃州为蕃和郡，甘州为镇夷郡，以及都城兴庆府，在甘州设置的宣化府等。

西夏瓦当

西夏的地方官职有州主、通判、正听、都案等，所有地方官员均由中央委任。

汉族制度对西夏的影响还表现在对其国家法律制度的制定上。

西夏建国前无成文法，后随着汉文化的影响及社会经济的发展进步便逐渐形成法制。西夏国的法典制度是参照中原汉族政权的法律制度制定的。

西夏国法律制度发展的最高标志是仁宗天盛年间（1149~1169）制定和颁布的一部国家法典《天盛改旧新定律令》。此法典全文20卷，卷下分门，

西夏面具

门下列条，共计 1460 条，继承和借鉴中原王朝的法律体系。这法典基本上是借鉴和采用现成的唐、宋法律而编成的，天盛法典的法制思想以忠和孝为核心，同中原王朝是一脉相承的，但天盛法律令除了借鉴中原王朝的法制体系外，还从实际出发，作了一些有益的改动，这些改动和创新在某些方面更加接近现代科学体系的法律。

西夏承汉制，制定中央行政机构、地方行政机构，制定法律制度，体现了汉族文化对契丹族文化的深刻影响，并加速了各民族间的融合。

西夏自行铸币

西夏国最早铸造的货币是西夏建国初期李元昊时铸造的印汉文的"天授通宝"钱。此后西夏国有七位国王均各有铸钱实例。并以仁宗天盛时期（1149~1169）为最多。仁宗天盛十年（1148），正式设立通济监，作为管理铸钱事宜的机构。

除开国国王李元昊铸造"天授通宝"外，只献宗、末主两朝未铸钱。货币从文种上分西夏文钱和汉文钱两种；从钱的材料上看又分铜钱和铁钱两类。

西夏国铸造的汉文钱有福圣宝钱、大安宝钱、贞观宝钱、乾祐宝钱、天庆宝钱等，还有天授通宝、大德元宝、元德通宝、元德重宝、大安宝钱、天庆宝钱等十几种汉文钱，这些都是目前为止所发现的。

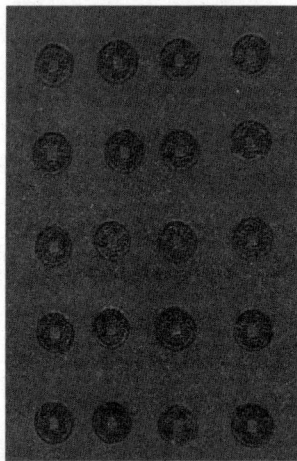

西夏铁钱"乾祐元宝"

西夏虽然铸造钱币，但西夏境内作为货币流通手段的主要是宋币而不是西夏货币。西夏国铸造的钱币数量少，在西夏通用的货币总量中只占1%左右，但却非常精美，轮廓规整，钱币上所印文字书法清晰秀丽，如天盛元宝、皇建元宝、光定元宝等。其中新发现的光定元宝篆、真对品钱，尤为珍品。

西夏自行铸造的货币数量少、质量好、外表美观，因而难以发挥货币流通手段的作用，很容易成为人们的收藏品或点缀品，在某种程度上也像是表

明一种朝代延续的标志。

西夏自铸货币，虽然只占流通货币总量的1%左右，但西夏自铸铜钱和铁钱，从另一方面也表明了西夏当时货币经济的发达。

西夏发展农业

西夏国建立以前的党项族是北方的游牧民族，以畜牧业和狩猎为生。随着他们不断内迁，各代部落首领不断扩大领土，占领了宋的灵州、兴州等地，又占领了河西走廊地区的凉州、瓜州等农业区，这些地区地饶五谷，有丰富的农耕生产技术，促使党项族人学习先进的农业生产技术，促进了党项族农业经济的发展，改变了原来不知稼穑、土无五

西夏羊饰

谷的原始状态，由游牧经济发展到农耕经济。西夏国建立时，在都城兴庆府附近修筑了新的水利工程，后人称为"李王渠"。还努力扩大耕地面积，甚至不惜采用武力手段扩张耕地，侵耕土地也是宋夏间经常发生战争的导因之一。西夏还利用在战争中俘获的汉人从事农业生产。西夏时的农业生产技术与生产水平基本上达到了与当地汉族水平相当的程度。尤其是与汉地接近、与汉民杂居的党项人，其"耕稼之事，略与汉同"。当时的农作物、粮食类有小麦、大麦、荞麦、稻、黑豆、豌豆等；蔬菜类有芥菜、香菜、茄子、萝卜、胡萝卜、葱、蒜、韭菜等。生产工具方面铁制农具和牛耕已普遍使用，农具有犁、铧、镰、锹、耧、耙、叉、车、碾等。从农作物种类到农业生产工具大体与汉族地区相同。

西夏的粮食生产基地主要在黄河以南兴庆府、灵州一带。这里生产的粮食，不仅供宫廷和当地居民消费，还可调配给其他地区。河西走廊的甘、凉二州，绥德无定河以东的地区也是西夏重要的粮食产区。

农业生产在西夏的经济生产中占有举足轻重的地位，但作为传统的生产

部门，畜牧业从来就没有被忽视。西夏建国后在中央政府设立群牧司，专门负责管理畜牧业。西夏畜牧业主要分布在夏、绥、银、盐诸州，鄂尔多斯草原，阿拉善山地及河西走廊一带。马在西夏畜牧中占有特别重要的地位，"党项马"驰名中外，除用于战争和生产外，还常作为与宋、辽、金进行贸易的传统商品和朝贡礼品。西夏牲畜数量很大，充分显示其畜牧业生产的雄厚基础及较高的生产水平。

西夏文字创立推行

西夏文字是西夏王朝开国皇帝李元昊，为增强民族意识，命令大臣野利仁荣仿照汉文主持创制并推广使用的词符文字。总共创制6000余字，编纂成书，分12卷，称作"国书"。

西夏文字的创制受汉文的影响很深。党项族本来并无文字，但内迁后就同汉族人民杂居在一起，并逐渐学会了使用汉文，西夏文字的形体结构基本上脱胎于汉字，从形体上看与汉文方块字十分相像，但西夏文字亦独具其鲜明的民族特色与创新。

西夏陵区出土的西夏文石碑

西夏文字从文字结构上可分解成单纯字和合体字两大类。其中单纯字是组成西夏文字的最基本单位。单纯字又分为表意和表音两种，表音字多为常用词，有固定字义、多用以构成新字。表音单纯字通常为借词、地、人名或佛经用语注音，亦用作构成新字的一种成分。合体字又可分为合成字、互换字和对称字三类。合成字是西夏文字构造的主要特征，占西夏文字总量的绝大部分。合成字是由两个字、三个字或四个字中的一部分、大部分或全体互相组合成新的字。合成字又可分

西夏驿站传递文书时用的敕牌

为会意合成字，音兼意合成字，反切上下字合成字，间接音意合成字等。互换字即把一个字中的两个部位交换位置组成新字，有部位全换的，也有上换部分的，两部分互移的。对称字即用相同的两部分构成新字。

西夏文《大方广佛华严经》

由此可见，西夏文字创制既体现了汉字的深刻影响（如构词方式、结构、笔画、字形、书写规则等），又具有自己鲜明的民族特色和创意。表现在文字笔画上比汉字更为繁复；文字构成上会意合成字较汉字中的会意字多，象形、指事字极少；类似拼音构字法的反切上下字合成法是西夏文字构成的一大特点；互换合成字别具一格等。

西夏文字创立后，政府大力推行。1036年李元昊下令颁行，尊西夏文为"国字"，并于1039年建"蕃学"教授西夏文，培养官员。又设"蕃字院"国家机构，管理公文来往中的西夏文本。在政府大力推动下，西夏文字逐渐应用于西夏人社会生活的方方面面。

西夏文字创立后，党项族西夏文字与汉字并用，西夏国灭亡后，其后裔仍有人使用，元代和明代中叶均有西夏文，以后湮没。成为一种死文字。

西夏文字是党项族的宝贵财富，西夏文字的创立推行，对西夏政治、经济、文化的发展起了很大的作用，它增强了西夏人的民族意识，对西夏向汉族先进文化学习提供了条件。西夏文字至今为研究西夏的历史与文化，发挥了重要的地位。

西夏使用先进鼓风设备

西夏天授礼法延祚三年（1040）十月，在西夏煤铁资源丰富的冶铁业基地夏州设"铁冶务"这一机构管理并作为冶铁场所。还在西夏的中央政府中设"铁工院"这一中央机构统辖、管理全国冶铁业。

西夏冶炼技术已相当先进。其中"冷锻"技术是当时闻名的，这种"冷锻"

法，即不用加热，反复锤炼使之达到精美的程度。此外，西夏还掌握了铸、锻、锤镍、拉丝、织金、镂雕、抛光、切削、鎏金、镀金、贴金等技术。而且工艺已相当精细。以上这些先进技术的掌握，有一个相当坚实的基础，也就是西夏当时已掌握并使用了先进的鼓风设备。

西夏陵石刻

西夏使用的鼓风设备，是一种双扇木风箱。它在中国冶金鼓风技术史上占有重要地位。

西夏人使用的双扇木风箱，形体非常大，而且装有左右两扇箱盖板，由一人操作，交替推拉，可以不间断地鼓风，更好地发挥木风箱的优点和长处，增加风量，提高风压，使炉温升高，加速冶炼速度。在今安西榆林窟第三窟的西夏壁画中的"锻铁图"的左侧就绘有一人双手分别推拉两扇木风扇为锻铁炉鼓风的情景。

中国古代的鼓风技术经历了从皮囊到单扇木风扇、再到双扇木风扇和风箱鼓风的历史演变。西夏人使用的双扇木风扇显著地提高了鼓风设备的技术性能，在从单扇木风扇到风箱的发展过程中发挥了承前启后的作用，在冶金鼓风技术史上占有重要作用。

西夏独立制瓷

西夏国原本不生产瓷器，瓷器依靠与宋朝交换的方式来获得。后来与中原地区汉族人交往增多，一些中原地区的陶瓷艺人进入西夏国境内，并带来了先进的瓷器生产技术，此后西夏便开始开瓷窑，开始独立生产瓷器，发展制瓷工业。

西夏的制瓷中心位于首都兴庆（今宁夏灵武县）附近，面向有"塞上江南"美誉的银川平原。

灵武窑的窑炉大体与宋、金同期的窑炉相似，用

西夏黑釉刻字瓷瓶

煤作燃料。西夏制瓷的工艺方式除深受汉族的影响外，还具有自己独特的地方。如因灵武窑地处沙漠地区，气候干燥，制成的陶坯放置在室外会因阳光而容易干裂，因而在作坊内有火坑设置，用以在室内烘干坯体，这就与中原、南方诸窑的工艺方式不同。

灵武窑装烧瓷器使用匣钵装置，匣钵可分平底筒状和开底式筒状两种。装烧方法有沙圈叠烧法、涩圈叠烧法、顶碗（顶盘）覆烧法、支圈正烧法、垫条扣烧法、芒口扣烧法等。其中以顶碗（顶盘）覆烧法最为突出，这种覆烧法使用一个上口小、下口大的喇叭形顶碗或顶盘。碗、盘的坯体上釉后，在内底刮掉一圈釉，然后倒扣在顶碗（顶盘）上，如此依次倒扣十来件，最后罩以开底式筒状匣钵。此法较涩圈叠烧法更好，它减轻了胎体厚重的缺点，增加了装烧量，还可减少器物的变形。用此法烧出的瓷器碗、盘胎壁较薄，器底尤其薄。灵武窑碗、盘等器皿的显著特点即"挖足过肩"就形成了。

除了装烧方法日益先进外，其装饰技法亦受汉族地区制瓷技术的影响。

灵武窑的胎质多呈浅黄色，对烧制白色瓷器极不利。而西夏人偏又喜欢白色瓷器。因而灵武窑制瓷艺术人吸收中原地区定窑和磁州窑两窑系的技术，即在上釉前对胎体进行处理，先将一种浆料（俗称化妆土）涂在胎体上，使其遮住胎体的颜色，待浆料干燥后再罩以透明釉，入窑烧即成白瓷。此外，他们还采用磁州窑的另一种剔刻釉（化妆土）的技法，使烧出的瓷器富有装饰效果。

西夏艺术凝聚于敦煌

1036 年，党项族消灭了瓜沙归义军，元昊统辖了敦煌地区，笃信佛教的西夏统治集团不仅没有破坏敦煌这座艺术宝库，而且使自己的民族艺术也凝聚于此，使之更增添几分光辉。

敦煌莫高窟第 327 窟的飞天壁画（摹本）

西夏开国君主元昊是一位多才多艺的国王，他本人就从事绘画。西夏王朝在瓜州置西平军司戍防西境，镇守瓜沙，政治中心也随之迁移至此，在这一时期，敦煌地区由于地处偏僻而难以接触到中原文化的直接影响。因而，11世纪初叶，莫高窟流行的绿底色壁画，一直持续了近一个世纪，此后才出现了一些与吐鲁蕃伯孜克里克石窟西州回鹘时期相同风格的艺术。其佛像菩萨脸型椭圆、直鼻、长眉、细眼，用一种长锋硬毫毛笔画出来，造型结构挺拔结实，效果多似版画。在装饰方面，无论藻井还是边饰所用纹样，色彩都富有特色，成为莫高窟十分宝贵的回鹘风格的艺术作品。

莫高窟早期风格的伎乐壁画，线描工整，色彩清淡。

　　榆林窟是保存代表西夏民族风格的艺术珍品的重要处所，第二窟的两幅《水月观音》，构图谨严，意境幽美。菩萨舒适自在地被展现于岩石之上，四周以绿水、竹、荷环绕，使从白光中显身的观音顾盼低昂，意态潇洒，舒肢垂手，怡然自得，安然端坐在泉石之间，表现得非常高雅。在另一幅上画有唐高僧玄奘在南天竺游布坦洛迦山礼拜观自在菩萨的情景，身后有牵白马的猴行者。第三窟的《文殊变》、《普贤变》是两壁引人入胜的名作。描绘的是两位菩萨率领随从，离开自己的灵山道场，巡行于云海之间的场面，"文殊"上空的五台山，"普贤"上空的峨眉山，都是典型的北宋水墨山水，峰峦雄伟，寒林深远，在布局上，达到了使山水的高远、深远、平远的意境协调和统一，表现了西夏人对艺术技巧的艰苦探索和创造精神。作为绘画艺术主体的人物画，是用焦墨以折庐、兰叶、钱线等多种笔法描绘后，以淡彩、淡墨晕染而成，除了天王、比丘、菩萨外，还出场了一些道教星官式的人物，表现了11世纪佛教艺术进一步中国化的历史轨迹。将佛道形象相互通用，如捧持聚宝盆的星官式的菩萨乃是印度教财神"毗那夜叉"的变通，持杖、执经折的庞眉仙翁，实际上是"婆薮山"或"鹿头梵志"，从这里我们清楚地看到了北宋绘画风格的影响，其中武宗元、高文进、马和之等宋代著名画家的影响尤为强烈。

　　西夏艺术摄取了吐蕃、沙洲、西凉的佛法，学习了北宋画家的人物造型，辽朝的笔墨构图，回鹘人的色彩装饰。各民族艺术的精华被他们兼收并蓄，

融合贯通，雄强的党项族民族精神熔铸其中，构成了我国美术史上的一朵奇葩。

1227 年，西夏被蒙古军所灭，西夏艺术的历史进程被截断，但其长达191 年统治期内创造的西夏民族辉煌的艺术被凝聚于敦煌石窟之中，被长久地保存下来，党项族强悍雄伟的民族精神也借助这些艺术珍品而能被世人所认识，它们与天地共存、与日月争辉。

阿底峡尊者入藏

阿底峡（982~1054）是扎护罗国（今孟加拉国达卡）国王善祥的次子月藏。他幼即通晓医方、工巧和文学，11 岁开始遍寻高僧，得瑜伽师罗睺罗笈多伐折罗受欢喜金刚灌顶，又到阿嚩都帝巴处修难行，学中观。21 岁时他已精通内外声明、因明学说。阿底峡 29岁时依戒护出家，两年后精通三藏教典。后跟随金州（今苏门答腊）大师法护学法 12 年，学得一切大乘佛法，

《佛说摩利支天经》中的石刻图像《摩利支菩萨图》。据说念其经则一切灾难离身。

44 岁时学成归国，受护法王迎请，毗讫驻锡罗摩尸罗寺。庆历元年（1041），阿底峡应西藏阿里王智光的邀请，来到阿里讲经说法，翻译经论，后到拉萨传法，至和元年（1054）十月十八日在聂塘圆寂。他的重要著作有：《菩提道灯论》、《现观分别论》、《般若波罗密多摄义灯》、《般若心经解》、《八二谛论》和《业障清净仪轨疏》。

辽五京分立

辽先后设立了上京、东京、南京、中京、西京 5 个京城，以上京为首都。上京临潢府（今内蒙古巴林左旗林东镇），始建于神册三年（918），初

名皇都,会同元年(938)定名为
上京。

东京辽阳府(今辽宁省辽阳
市),神册四年(919)葺辽阳故城,
天显三年(928)升为南京,会同
元年(938),改为东京。

南京析津府(今北京),会同
元年(938),石敬塘献燕云16州,
辽以幽州为南京。

辽墓壁画《随从与驭者引马》

中京大定府(今内蒙古宁城县),始建于辽统和二十五年(1007)。

西京大同府(今山西省大同市),重熙十三年(1044),升云州为西京。

辽以五京为中心,分全国为五道:上京道、东京道、中京道、南京道、西京道,
5道共辖州、军、城155,县209,部族52。5京不仅是行政首府和军事重镇,
也是商业贸易中心和交通要地,对于辽各族间的经济文化交流起了积极的作
用。

契丹医术形成

早期契丹人信仰巫术,治病并无医药,巫术常
常是人们防治疾病的重要手段。

辽朝建立前,契丹人在向中原的战争中,掠夺
了大量的汉文书籍和科技人才,其中就有不少医学
资料和医生。辽统治者不仅注重汉文书籍的收集,
而且注意组织翻译工作。辽兴宗时,耶律庶成把汉
文《方脉书》译成契丹文,大大促进了契丹医学的
发展。

望诊和闻诊是契丹族的传统医学。《大脉书》
传播后,契丹医生看病,多用针灸疗法。辽太祖长
子耶律倍及族弟迭里特均精于针灸。有一次辽太

《宣懿皇后哀册文》,文字
为篆体,属契丹小字。

患"心痛病"，召迭里特诊治，迭里特用针刺法使辽太祖痛止病除。辽景宗耶律贤也擅长针灸，他不仅自己钻研针灸技术，而且重视针灸医生的培养。著名契丹医生直鲁古自幼受家庭医学熏陶，长大后又一直从汉人受医学，其针灸技术精湛，后著《针灸脉诀书》行世。

契丹族医生看病，由于北方游牧民族的习惯及天气的寒冷，常以酒当药，驱寒治病。《辽史·耶律斜涅赤传》载，耶律斜涅赤"尝有疾，赐樽酒，饮而愈"。

契丹医生已知道使用物理降温方法治疗发热病症。如辽太宗耶律德光从汴京北归，患了"苦热"病，随行人员就把他的胸腹、四肢及口中放置冰块，这对缓解病情大有裨益。

辽兴宗二征西夏

辽重熙十八年（1049）六月，辽兴宗第二次亲征西夏。

辽兴宗第一次亲征西夏失败后，决心重振旗鼓，再与西夏决一雌雄。重熙十八年（1049）六月，辽兴宗任命韩国王萧惠为河南行军都统、赵王萧孝友、汉王贴不为副都统，举兵攻打西夏。辽军兵分3路，萧惠所率的大军从黄河以南地区发起攻击，且迅速推进到西夏本土。西夏军难以抵挡，节节败退，因而滋长了萧惠骄傲轻敌的情绪。九月，西夏主谅祚率西夏大军突然蜂拥而至，萧

辽墓壁画《驭者引马》，描绘一引马驭者敬候主人出行的情景。

惠的军队措手不及，被动挨打，死伤无数。萧惠等拼命逃回辽朝，辽南路军惨败。萧惠兵败后，辽兴宗率领的中路军虽然在同年八月渡过黄河，大败西夏军队，至此也被迫退守辽朝本土。唯独北道行军都统耶律敌鲁古率领阻卜（今蒙古人民共和国乌兰巴托南）部落军队到达贺兰山以后，与统军都监萧慈氏奴率领少数民族兵马从北路直取凉州（今甘肃武威），与西夏守军发生激战，

辽军大胜，俘虏了元昊的妻子和西夏其他官僚的家属。西夏大军前来增援，切断辽军归路，辽军数次突围都被西夏军队打退，结果萧慈氏奴与辽军大将耶律斡里战死。至此，辽兴宗第二次亲征西夏宣告失败。其后，西夏多次入侵辽朝，均被击退。至同年十月，辽夏议和，谅祚亲派使臣向辽朝纳贡，依旧称臣。

华严宗、密宗兴盛于辽

　　辽代统治者大都信仰佛教，其中圣宗耶律隆绪（982~1030）、兴宗耶律宗真（1031~1054）、道宗耶律洪基（1055~1100）崇佛最甚，他们不仅常常增建佛寺，拨大量土地、农户归寺院所有，而且仿效唐朝，在五京设置僧官职位，为选拔僧材，建立了比较完善的考试制度，以学业优秀者为法师。辽统治者对佛教的支持和倡导，大大地推动了佛教义学的研究和发展。佛教诸宗在辽代都有传播，如华严、密宗、禅、律、净土、唯识、俱舍等，其中以华严宗、密宗这两个重视理论和仪轨的派别最为昌盛。

　　辽代华严宗上承唐代，但法统世系已不大明了。兴宗年间，华严宗开始盛行，当时华严宗高僧为觉华岛（今辽宁兴城菊花岛）海云寺的海山法师。他对华严宗有较深的研究，著有《大华严经玄谈钞逐难科》一卷、《大华严经修辞分疏》二卷（今已失传）。因为他"行业超绝，名动天下"，与王公贵族广泛交游，兴宗赐号为"崇禄大夫、守司空、辅国大师"。到道宗年间，又出现一位中外瞩目的华严大师鲜演。他学识广博，尤精华严，撰有《华严经玄谈抉择》6卷《摩诃衍论显正疏》、《唯识掇奇提异钞》、《菩提戒心论》等多种著作，涉及佛学研究的许多方面，还为澄观《华严经疏抄玄谈》作过注

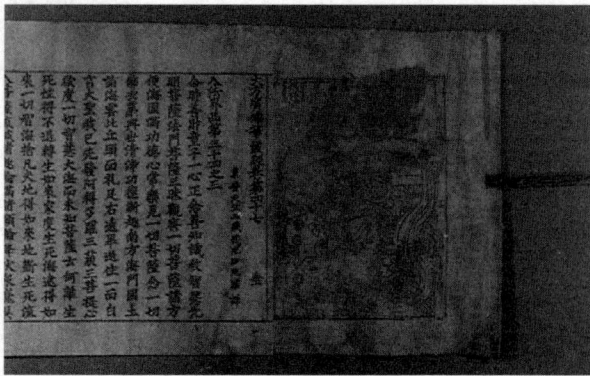

《契丹藏》印本——《大方广佛华严经》残卷

疏。道宗皇帝对他很赏识，延请他作大开龙寺暨黄龙府讲主，"特授圆通悟理四字师号"，迁崇禄大夫检校太保。

此外当时华严宗著名研究者还有道宗耶律洪基、僧人志实、沙门道弼。耶律洪基撰有《华严经随品赞》10卷、《华严经赞》等。志实著有《华严经随品赞科》。道弼曾撰写《大华严经演义集玄记》6卷、《大华严经演义逐难科》1卷。这些在高丽僧人义天所撰《新编诸宗教藏总录》（即《义天录》）中都有著录。

密宗在唐中叶由善无畏、金刚智、不空等"开元三大士"传入中国并开始流传，后因受到多方抵制，至唐末在中原已湮没无闻。密宗传入辽地后，在民间流传甚广。当时密宗主要代表人物是觉苑和道殿。觉苑曾广泛学习过各部佛典，并师从过西天竺摩揭陀国三藏法师慈贤，专攻密宗理论研究，著有《大毗卢遮那成佛变伽持经义释演密钞》5卷、《大科》1卷、《大日经义释演秘钞》10卷，宣扬密宗经义，在朝野名声很大，被朝廷赐予总秘大师，燕京圆福寺崇禄大夫，检校太保等衔号。道殿也广泛研究禅宗律宗诸家，精通内外之学，后专攻密教，著有《显密圆通成佛心要集》二卷，附《供佛利生仪》一卷，体现了显密双修的宗旨。此外，当时流传的密宗著作还有沙门行琳所辑《释教最上乘秘密陀罗尼集》30卷，印度僧人慈贤所译《大佛顶陀罗尼经》1卷、《大随求陀罗尼经》1卷、《大摧碎陀罗尼经》1卷等等，在民间风行的密宗书籍有《准提咒》、《六字大明咒》、《八大菩萨曼陀罗经》等。

华严宗、密宗的兴盛引起了辽地沙门纷纷传习《释摩珂衍论》的热潮。中京报恩寺诠圆通法大师法悟撰写了《释摩珂衍论赞玄疏》5卷、《赞玄科》3卷、《大科》1卷。燕京归义寺纯慧大师守臻撰写《释摩珂衍论通赞疏》10卷。医巫闾山通圆慈行大师志福撰写过《释摩珂衍论通玄钞》4卷、《通科》3卷、《大科》1卷。这些著作都是辽代佛教研究中有代表性的文献，从另一个侧面说明了辽代密宗和华严宗的兴盛一时的状况。

辽刻契丹藏、房山石经

为了显示自己在文化上不逊于汉人王朝，契丹统治者组织了大批僧侣刊刻所藏佛经。

圣宗太平元年（1021），契丹人得
到了宋朝蜀版的《开宝藏》，并倡议刊
刻契丹藏。兴宗即位后，积极支持此事。
重熙元年（1032），契丹藏开始在燕京
刊刻，历经30年，至道宗清宁八年（1062）
才完成，共579帙。因为此时辽恢复契
丹国号，故后人称此藏为契丹藏。它在
内容上比宋版本更齐全，形式上行格更
密，并改卷子式为折本。契丹藏后传入

契丹文大字碑残石

高丽，对高丽所藏再雕本的校刊订正有很大影响。

辽圣宗太平七年（1027），州官韩绍芳奏请增刻房山云居寺石经，圣宗
即拨帑币予以支持。后来兴宗、道宗也不断支持。为了镌刻石经，当地信徒
甚至组织了经寺邑。到请宁三年（1057）刻完《大般若经》等600余块，与
原存石经共2730块，合称四大部经。天祚帝天庆七年（1117），又将道宗时
所刻石经大碑180片，与寺僧通理大师等校刻石经小碑4080片一起埋在云居
寺西南角的地洞里，上建砖塔，刻有标记，称为镇经塔。

房山石经具有极高的史料价值，契丹藏印本今已全部佚失，但通过云居
寺辽代刻制石经，还可窥见契丹藏大概面目。

契丹藏的刊刻与房山石经的续刻是辽朝对佛经一次大规模的收集、整理
和校勘，为保护佛教文化作出了重大贡献。

西夏倡佛

佛教传入西夏后，历代皇帝采取许多措施以提倡、扶持佛教，使佛教在
西夏兴盛繁荣。

西夏倡佛主要表现在以下几个方面：

第一，国家提倡与尊宠佛教，对有学识与威望的高僧授以各种封号，如
帝师、国师、法师、禅师等，提高僧人在西夏国的地位。帝师、国师在佛教
界地位极高，在朝廷官阶上也处上品位，与中书、枢密位相等。西夏国封的

国师很多，如李元昊时主持译经的国师白法信；惠宗李秉常时主持译经的安全国师白智光等。"国师"以下为法师，地位亦较高，参与译经等重要佛事活动。禅师也是西夏高僧的称号，如西夏贺兰山佛祖院的平尚重照禅师等是对译定、刊印、传播佛教经典与教义作出了重大贡献的著名高僧。

　　第二，建立完善的佛教管理机构和管理制度。进入崇宗、仁宗朝，西夏佛教事业进入大发展时期。西夏在中央政府中设立专门管理佛教事务的机构——功德司。各功德司设数量不等若干名功德司正、副、判、承旨等作为正副长官及其官员。功德司地位较重

西夏壁画《水月观音》，描绘了水月观音神秘诱人的境界，是现存水月观音中的珍品。

要，在国家机构中属于第二等级，仅次于掌管全国行政与军事首脑的中书、枢密，与殿前司、御史等国家机构同级。

　　除在中央政府设立专门机构管理佛教事务外，西夏还建立一套完善的管理制度以加强寺庙的管理，并对管理寺庙的僧人设有相当的职称。如提举、僧正、僧副、僧监等。由于西夏僧人的民族成份不同，因此还设立不同民族的僧职。如番汉四众提举、"汉众僧正"等。

　　第三，组织人力译佛经为西夏文。最早由李元昊令国师白法信主其事，以后很多皇帝大力推助。西夏时期境内流传佛经，主要有西夏文、藏文、汉文三种，西夏从宋朝赎取汉文大藏经，同时刻印汉文佛经，藏文经通过藏传佛教传入。西夏文经主要译自汉文和藏文佛经。西夏文佛经包括经、律、论三藏。经藏中的宝积部、华严部等佛经在现存的西夏文经中仍能找到。《佛说生经》、《佛本行集经》等律藏也有西夏译本。西夏时刊印的汉文佛经，现已发现的就约有八、九十种。充分说明当时政府倡佛的决心和行动。

　　第四，政府主持大兴土木，修造佛教寺庙。在都城兴庆附近，有戒坛寺、高台寺、承天寺、大度民寺；河西走廊地区的护国寺、圣容寺、崇圣寺；甘州的卧佛寺、崇庆寺等。同时对前代寺庙加以修葺或重建。这样西夏"浮图梵刹、遍满天下"，反映出西夏佛教的兴盛繁荣。

第五，设立专门培养番、汉佛学人才的场所。如番汉三学院的设立，就是佛学者学习佛学中的戒、定、慧的全部内容，以发展佛学事业。番汉三学院的设立起到了培养番、汉佛学人才，振兴佛学事业的作用。

西夏政府通过以上种种措拖，大力提倡佛教，使佛教在西夏兴盛起来。数百年过去了，留给后世的宝贵财富有当时修建的一些寺庙，有最重要的西夏文佛经流传后世。这些佛经的传世，最能说明西夏倡佛、佛教兴盛的情况。

契丹人改革丧葬俗

契丹人早期的葬俗具有其原始性。在《北史·契丹传》、《隋书·北狄列传·契丹》等书中都有记载，契丹人死了父母而悲哭者，"以为不壮"，"但以其尸置于山树之上，经三年后，乃收其骨而焚之"。可见契丹人早期是采用露天葬兼火化的方式的。

到了唐代，契丹人死后，仍然没有坟墓，而是用马驾车送去八大山，放置在树上。

自辽朝建立后，契丹人丧葬除了大量保留

契丹铜镜，上刻契丹小字。

着本民族的特有风俗之外，还吸收了汉人的葬俗。改变了不修冢墓的习惯，此外，契丹人死后归葬祖茔、夫妻合葬等，也无不与汉族人的葬俗有关。

辽代帝陵的修建就体现了汉族中原丧葬制度对辽人的影响。辽太祖耶律阿保机的陵寝受中原丧葬制度极深的影响，辽太祖的陵寝规模很大，陵园内有堂殿、碑石、陵前石刻臣僚、瑞兽，陵旁还设守陵卫一祖州以护守，并有石龟趺，以后辽代诸帝王（除天祚帝外）亦大体相仿。除帝陵外，在一些王公墓前成组的石羊、石虎等亦为汉族的葬俗。

辽朝契丹还有殉葬及保存尸体的习俗。辽太祖下葬之前，皇后述律氏，杀了一些大臣为太祖殉葬，述律氏本人亦表示要殉葬，后被劝阻，仅断右腕以代己身为太祖殉葬。这一事件在《辽史·后妃传》中有记录。

契丹富人还有多种保存尸体的方法。其中就有破腹去肠，刺肤去血，用

盐及药物处理的腌尸、干尸法；又有用水银和木炭存尸法，以及用铜丝网衣和金属面具存尸等法。

辽朝契丹人的丧、葬风俗，自建国后已有一些重大的改革，除保持原有的本民族的特有风俗如露天葬兼火化、火葬或火化后土葬以外，还吸收汉人的一些丧葬风俗，如改变不作冢墓的习惯、死后归葬祖茔、夫妻合葬等。

辽耶律乙辛专权

大康初年（1075），北院枢密院使耶律乙辛权势益重，但自从皇太子耶律顺宗参政后，耶律乙辛地位受威胁，于是，他在设计陷害宣懿皇后之后，于大康三年（1077）六月又同其党策划诬陷太子谋反，准备篡夺辽道宗耶律洪基之位，拥立太子为皇帝。辽道宗未能辨明是非，废太子为庶人。后太子被耶律乙辛杀害。耶律乙辛为了斩草除根，杀人灭口，还暗中派人杀害了皇太子的妃子。

耶律乙辛诬陷皇太子成功后，朝廷上下无人敢对他的所作所为表示反对。因而耶律乙辛权势益重。他与汉人北府宰相张孝杰勾结起来，为非作歹，大量陷害不依附于自己的忠良之士，收买了朝廷内外大臣，作为他的耳目，权势膨胀。

大康五年（1079）正月，辽道宗准备离开京城，外出狩猎。在打猎过程中，辽道宗发现许多大臣和护卫官都追随在耶律乙辛之后，辽道宗不露声色，回京后立即降旨，任命耶律乙辛为知南院大王事，降低原来的赵王封号为混同王，不久又改任耶律乙辛为知光中府（今辽宁朝阳）事。大康七年（1081）十二月，由于耶律乙辛犯了把禁品卖给外国之罪，被送移司法机关囚禁起来。

至此，辽道宗才知道皇太子耶律顺宗是被诬陷而死，悔恨不已。由于耶律乙辛暗中策划逃跑，准备投靠宋朝，阴谋败露后，被缢死。

辽宣懿皇后被诬杀

辽宣懿皇后萧观音是耶律洪基（道宗）的皇后，生皇子耶律濬。咸雍元年（1065）耶律濬被册为太子。大康元年（1075）18岁的耶律濬开始参预朝政，

兼领南枢密院事。这就威胁了正在专权的北院枢密院使耶律乙辛。于是耶律乙辛便设计先谋害宣懿皇后，并进而废掉太子，为其专权扫除障碍。

宣懿皇后好音乐，能自制歌词，尤善琵琶。她曾做《回心院》一曲，诸伶官没有人能奏此曲，只有赵惟一能奏。宣懿皇后的宫婢单登经常与赵惟一争能，不成，遂怨恨皇后。耶律乙辛乘机指使单登与其妹夫朱顶鹤伪造《十香词》，以此为证据，诬告皇后与赵惟一私通。耶律乙辛奏告耶律洪基，耶律洪基令耶律乙辛等查勘此案。于是，赵惟一等被屈打成招，并被处死。宣懿也被赐死，尸体归还娘家。

宣懿皇后死后第二年，耶律乙辛怂恿耶律洪基立耶律乙辛同党萧霞抹之妹坦思为皇后，通过后族操纵皇宫，专权跋扈更甚。

磨古斯反辽

阻卜部族是草原上的一支劲旅，并且威胁着辽在西北地区的统治。辽道宗大安五年（1089）五月，辽再度收服阻卜部，任命磨古斯为诸部落之长，利用他们去征讨其他部落。大安八年（1092），辽军误认阻卜部为敌军，双方发生激烈战斗，随后，阻卜部在磨古斯领导下，抗击辽的统治。

契丹人饮马图

负责管理阻卜部的辽西北路招讨史事耶律何鲁扫古，立即率辽兵追杀阻卜部人马，结果磨古斯的军队大胜，辽军几乎全军覆没。次年（1093），耶律挞不也代替耶律何鲁扫古征讨阻卜部。因为当初是耶律挞不也保举磨古斯任阻卜部酋长的，这次，他又派人诱降。磨古斯也假装投降辽军，结果，在辽军毫无防备的情况下，磨古斯偷袭成功，辽军大败，耶律挞不也也战死于是役。

阻卜部的反叛日益严重，辽道宗不得不抽调兵力应付这一严重局面。大安十年（1094），辽军首次打败磨古斯军，斩首千余人。又经过6年多苦战，

至寿昌六年（1100），磨古斯战败被俘，反辽失败。

辽建兴城白塔

辽道宗（耶律洪基）大安八年（1092）辽政府在兴城（今锦州）建起一座白塔，后来此地因此得名白塔峪。

白塔的形制为 8 角 13 层密檐式砖塔，共高 43 米。塔的下部为须弥座，座顶之上便是塔身，须弥座顶刻仰莲承托着第一层塔身。第一层塔身四面设有佛龛，里面分别塑有阿弥佗佛、无量寿佛、宝生佛和不空成就佛，其余四个侧面则全为雕砖碑。在第一层塔檐下有斗拱承托，构造奇巧。最奇处在于全塔镶嵌有数百面铜境，在阳光下，散射着耀眼光芒。整座塔结构玲珑，因而俗称作"玲珑塔"。

建于辽代的天津蓟县观音寿白塔，是辽塔中较为少见的塔型。

完颜阿骨打不为天祚帝舞

辽天庆二年（1112）二月，天祚帝到行在长春州（今吉林长春）游猎，并到混同江钓鱼。阿骨打及其弟吴乞买、粘罕等按惯例与各女真部落首领均前往朝见。

适遇天祚帝举行"头鱼宴"，饮酒半酣，天祚帝命令各女真酋长次第起舞。独阿骨打辞以不能，谕之再三，始终不从。天祚帝认为这是阿骨打谋反辽朝的信号，命令大臣萧奉先假托以边事，将他杀掉，以绝后患。但萧奉先认为，阿骨打是一个粗人，酒宴上不肯起舞是不知礼义。无大的过错而将其杀死，会使女真人产生反意。而且即使阿骨打有谋反之意，一个小小的部落也不会有多大作为。于是，天祚帝打消了杀死阿骨打的主意。

九月，阿骨打从混同江回到部落驻地，怀疑天祚帝已经知道他有谋反之意，就领兵吞并了附近的几个女真部落。阿古齐、卓克算二人拒绝与阿骨打合作，

043

逃到咸州（今辽宁开原东北），并报告辽廷。天祚帝决心除掉阿骨打，数次召阿骨打入朝，阿骨打均称疾不去。

阿骨打建金反辽

辽天庆三年（1113）十二月，女真联盟长乌雅束死，其弟阿骨打嗣位，称都勃极烈。

女真族长期生活在中国东北地区"白山黑水"（今长白山，黑龙江流域）一带。战国时期被称作"肃慎"，后来名称几经变化，在辽朝统治下，确定其名称为"女真"。

辽初，生女真有72个部落，过着游牧打猎生活。后来，其中的完颜部强大起来，乌古乃为首领时，使诸部归附于完颜部。今

宋陵石雕

年，乌雅束死，其弟阿骨打继位，阿骨打承前代富庶之余，兵强马壮，在他的领导下，女真族的历史进入一个崭新的发展阶段。

辽天庆四年（1114）九月完颜阿骨打（金太祖）起兵反辽。

耶律延禧（天祚帝）即位之后，契丹贵族对于生女真的压榨勒索愈来愈严重。并且经常对女真人加以侮辱，称为"打女真"。

本年七月，完颜阿骨打集诸部辖兵2500人，发动了反辽的战争。

十月，首先攻下辽朝东北边防重镇宁江州，又败辽兵于河店，所向无敌。

金收国元年（1115）正月，在反辽战争的胜利进军中，完颜阿骨打（金太祖）建立金国。

金攻克黄龙府

黄龙府（今吉林农安）是辽在东北部的统治中心、离金最近的大城市，也是金灭辽必须首先攻占的军事重镇。金建国之后，阿骨打就曾攻打过黄龙府，

兵临益州时，州人走保黄龙，阿骨打取其余民而归。

收国元年（1115）、辽天庆五年八月初一，阿骨打在攻占了周围的宁江州（今吉林扶余东南小城子）、宾州（今吉林农安东北）、祥州（今吉林农安境内）、威州（今辽宁开原境内）后，再次率军进攻黄龙府，金军顺利渡过混同江后与辽军接战，金军

云南大理三塔

奋不顾身，英勇作战，于九月初一日攻克黄龙府。黄龙府后来被金改名为隆州。

辽天祚帝闻黄龙府失陷，即令萧奉先为御营都统、耶律章奴为副都统，发蕃汉兵十余万，号称七十万，下诏亲征，备数月粮，以期必灭女真。但意外的是，辽大军刚渡混同江，发生了耶律章奴谋反事件，极大地动摇了军心，天祚帝被迫退兵。阿骨打闻讯后立即挥兵尾追，于护步答冈（今吉林农安西）大败辽军，获辽舆辇、帝幄、兵械、军资与其他宝物、牛马不可胜计，辽军死者相连百余里，精锐几乎丧失殆尽。

金建立国家宗教礼制

以女真族为主体的金，同许多北方民族一样，长期信仰以巫师活动为中心的萨满教；但其旧俗和中原也有相通之处，即同样盛行自然崇拜、灵魂崇拜、祖先崇拜和天神崇拜，并经常对天地日月山川风雨和祖神进行祭祀，只是制度和活动方式有所差别而已。因此，金朝女真贵族对唐宋国家祭祀礼典的接纳，循理成章并且进行得非常顺利。

金在北宋时迅速崛起，它大量吸收唐宋文化，发展程度超过了当时的辽和西夏。自1125年灭辽以后，金进入了中国黄河流域，其汉化步伐从此发展得更深更快，它接纳了现成的唐宋礼乐典章器具，模仿唐宋礼制，建立起国家宗教祭祀制度，将传统的萨满巫教从宗教活动的中心削弱成为民间宗教，从而形成一种混合型的宗教体制。

过去，女真族一直崇奉萨满教，不论祭神禳福，还是丰收祭祖，都通过

萨满（也即巫师）的跳神活动来完成。懂得跳舞娱神的萨满，成为主导宗教活动的中心人物。女真贵族在建立起封建王权以后，自觉要求皇室应该成为祭祀活动的中心人物，在国家宗教大典中，皇室首领应该

金代《溪山无尽图》，描绘了北方山水系统。

成为主祭者。于是，他们仿照中原礼制建立国家宗教祭典，在金章宗明昌初年（约1190）编成的《金纂修杂录》，标志着金朝礼典至此齐备，也意味着女真贵族的国家宗教正式建立。从此，萨满巫教成为带氏族性质的民间宗教，从宗教活动的中心地位退居辅助性的司仪地位，更多的是在民间发挥其传统作用。

历代金主对中原礼制亦步亦趋，并在诏书中明确宣告要依循中原旧礼，也是为了表明金朝已经继承华夏的正统，故应举行中原传统的国家宗教祀典。从金太宗起直到金宣宗时，金朝官方宗教一步步走上制度化轨道。他们遵循唐宋旧仪，进行郊祀祭天大礼，祭祀社稷，祭祀天地日月四王诸神，总之凡唐宋国家祭祀的诸神，在此一应俱备。金朝自熙宗时开始尊孔崇儒，因而也参酌唐礼拟定释奠仪数，并且追建皇室宗庙，定期祭祀。

与此同时，女真族原有民族宗教习俗仍然有若干得到一定延续，除萨满教外，如拜天、祭山、祭江等皆有特色。长白山是女真发源地，祭长白山成为一项特殊礼仪。这类祭祀活动中也有较浓的民族特色。金代《溪山无尽图》，描绘了北方山水系统。

金律一依本朝旧制

金太祖完颜阿骨打建立金国后，金律一依本朝旧制。仍采用"旧俗"，主要是担心国立未稳，为安抚各部贵族。如果立即改变旧制，会触犯支持他的奴隶主贵族的现实利益，引起社会动乱，对统治不利。太祖的这一政策，

山西沁源金墓壁画中的骑马人物　　金人骑兵及马具装

赢得了群臣支持，使人心得以安定。1116年，太祖废除了原来参用的辽国法律，强调一切按"本朝之制"，1119年，金正式颁行女真文字，但仍未定法典，仍以"祖宗旧俗法度"为治之本。到1121年，太祖仍赐诏："事无大小，一依本朝旧制"。

金建国初，以"一依本朝旧制"为其立法的指导思想，其目的是为了确立女真贵族的奴隶制统治。所谓"本朝旧制"就是以猛安谋克为基础的军事奴隶制，女真人编为猛安谋克户，其他族人不能编入，只另行编户或充当猛安谋克之奴婢。金统治初期的许多措施都是为了保护女真猛安谋克户和维护奴隶使用的正常秩序。

金太宗继位后，继续奉行"一依本朝旧制"的政策，后由于在灭辽、征宋中扩大了金国的版图，在原辽、宋地区，基本上依当地契丹人的辽法或宋法，于是出现了多种制度并存的局面。金进入中原后，开始迅速封建化，金熙宗即位后实行改革，取消多种制度并存的混乱局面，逐步采用汉制来统一金朝的法律制度。下诏以本朝旧制、兼采隋、唐之制，参照辽、宋之法，编《皇统制》——金代第一部成文法典，到金世宗时重修条制，定名《大金重修条制》。金章宗时又组织人力编订《泰和律义》，成为金代最完备的法典。

金熙宗、世宗、章宗三朝修订法典，皆依本朝旧制，又参照辽、宋之法编成，这与当时金国国情相适合。

新律针对猛安谋克制，改变了奴隶的身份，使之成为国家编户，成为国家赋税、兵役的来源；在保护女真贵族的法律特权的同时，一改金初法制简单、无轻重贵贱之别，甚至大臣可以"违誓罪"将皇帝扶下金殿行杖罚的规定，加强皇权统治，维护皇权统治的神圣尊严。对贵族、官僚的特权也以法律形式确立，但其条件则是不威胁皇帝的自身利益。又将中国封建法律中的"八议"列入金律中，这在一定程度上抑制了封建特权。

金律一依本朝旧制，建国初期为维护金的统治起到了积极的作用。在金封建化的过程中，金律虽接受了汉族的一些法律制度，但总体仍以本朝旧制为基础而逐渐完备起来。

猛安谋克军政组织盛极

早在原始社会末期，女真族人就推行一种政治与军事合一的制度——"猛安谋克制度"。随着女真族部落领土的不断扩张，与汉人的接触日益频繁，受汉制的影响，猛安谋克制逐步由奴隶制度发展成封建制度，并日益成为金国的主要的政治制度。

原始社会后期，由于征掠、围猎的需要，女真族人在其部落内部设立固定的军事组织，其首领称为猛安谋克，其中谋克相当于百夫长，猛安则相当于千夫长。金国建立的前一年（1114），金太祖始订"三百户为谋克，十谋克为猛安"，将女真人的氏族部落组织转变为具备政治、军事、生产三种职能的奴隶制政治制度，为金国政权的建立奠定了基础。随着女真族人向南的军事扩张及金国政权的建立，女真统治者逐渐在新占领的汉族、契丹族和渤海族地区推行猛安谋克制。但由于猛安谋克制具有典型的奴隶制度性质，而汉族地区早已进入封建社会阶段，因此在汉人地区的猛安谋克制遭到汉人的强烈抵制，根本得不到推广。为顺应历史潮流，女真统治者不得不停止在汉族地区推行之。从此，猛安谋克制度成为女真人独有的政治制度。

在猛安谋克制度下，女真族人民平时从事农业生产，一旦有军事行动，则强壮者都必须入伍，由猛安谋克官率部出征。一谋克的兵员约有八九十名，十谋克组成一个猛安军，在猛安之上，依次又有万户、都统、左右副元帅以及都元帅。

金熙宗时，猛安谋克逐渐封建化，为适应猛安谋克的管理，金朝统治者

仿效汉人官制，对猛安谋克授予不同的汉官等级。据《金史·百官志》载，谋克相当于汉官五品，除相当于县令的职务外，还主管牛头税仓及训练武艺。猛安相当于汉官四品，其职务除与同级防御使相同外，还主掌修理军务，训练武艺和劝课农桑。由此可见，猛安谋克官员的职务除与同级汉官相同外，还具有同级汉官所不具备的职能，如训练武艺，这与猛安谋克制的军事职能是有关的。

猛安谋克制度下的官制是世袭制，金初实行父死子继和兄弟相及的方式，金章宗时，重新制订嫡长子继承制。金国建国初期，猛安谋克称号主要来自于因战功显赫而获得的圣封，金国政权逐渐稳定后，战争减少，猛安谋克的任命逐步由军事功绩转向政治上的突出成就，只有那些政绩特别卓著的官员才能得到皇帝的猛安谋克封号，这一点也是模仿汉人官制而来的。

辽人金银器仿唐风格

辽代金银器制作业十分发达，内蒙古、辽宁、吉林、河北都有重要发现。不过辽人金银器工艺与汉族工匠有着密切关系，《辽史·食货志下》说，耶律阿保机南掠"幽蓟，师还，次山麓，得银铁矿，令置冶"。又说他俘虏蔚县汉人，在中京道泽州，"立寨居之，采炼陷何银冶"。由此可见，辽代金工是在唐宋影响下产生与发展的，而唐的影响尤著。

辽人金银器品种较为多样，金器有金冠、金镯、金耳饰等，银器有壶、碗、杯、盘、碟、匙、箸、面具、鞍饰、带饰等。这些金属器物一方面继承汉族金工传统技艺（主要是唐代成熟而先进的金工技术），一方面又体现了契丹特点，是用汉族先进技术，创

契丹人的随葬品覆金面具

作契丹民族工艺。如内蒙古赤峰洞后村出土的两件鱼龙提梁壶和一件银鸡冠壶，前者模仿唐代银器，后者虽为契丹民族形制，但蹲鹿、石、草等组合图案，又是从唐代移植而来，且其纹样饱满精致，并衬有珍珠地，与唐代金银器很

相似。

内蒙古敖汉旗李家营子辽墓出土了人首银执壶、猎豹纹鎏金银盘、椭圆银杯、小银壶、錾花透雕金带饰等，其人首银执壶具有伊朗萨珊朝风格，猎豹纹鎏金银盘和錾花透雕金带饰则具有唐代遗韵。

辽宁建平张家营子出土了二龙戏珠鎏金银冠、凤形金耳饰、金镯、银花、涂金錾花银鞍饰、银鎏金马具等，建平石米碌科出土了银匕、錾花金手镯、鱼形金耳饰、金坠等，新民巴图营子出土了人物鱼舟金簪。

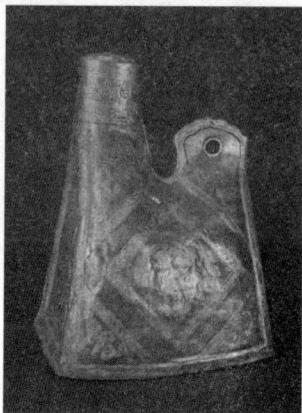

内蒙古赤峰出土的鎏金银鸡冠壶

这些金银器为辽境工匠所制，作工和图案仿唐制，但地方民族色彩已很浓厚。凡凤凰、孔雀等禽类纹饰都与鹫相似，眼神凶恶，钩喙尖锐，爪尖锋利，反映了契丹人在长期的狩猎生活中对鹫的一种偏爱。同时，契丹作为北方游牧民族，又非常擅长马具兵器的制作，宋太平老人著的《袖中锦》上说，"契丹鞍"与宋朝名产蜀锦、定、浙漆等并称为天下第一。

辽国马具涂金装银，常作为珍贵礼品，赠送友邦。赤峰辽驸马卫国王墓就出土有鎏金银鞍，上饰有精细的花草纹和龙凤纹，锤镍鎏金，精美绝伦，确是一件金工杰作。

总之，辽人金银器制作业在仿效唐宋的基础上，结合自己的民族特点，制造出了许多为后人称颂的传世精品，其整体的发展趋势表现为一种汉化的倾向，这是和当时时代变化的总趋势分不开的。

辽代壁画高度发展

辽代壁画，最早发现于内蒙古的林东三陵，即圣宗耶律隆绪（983~1031年在位）、兴宗耶律宗真（1031~1055年在位）、道宗（1055~1101年在位）耶律洪基分葬的东、中、西三陵，总名为庆陵，3座陵墓内原都有壁画，现仅东陵的壁画保存有摹本及照片资料，可资查考。在许多辽壁画中，以此为最精，

人物和四季山水场面宏伟，是集中了当时汉、契丹两族画师通力合作而成的。

东陵中室的四季山水，其中《春》以梨树、野花、鹅群、水鸟作为主题，陪衬柳条于山坡起伏处。《夏》、《秋》、《冬》诸画面，也出现了飞禽、云彩，野花繁茂，林中有松柏和单复夹叶树，鹿群在花木丛中悠闲往来。四季壁画的坡石用墨线勾出，不用皴染；鹿群生动有致。其中，秋季一幅，接近中原画法，尤以枯树、松干等在一般辽墓壁画中罕见，展示出了辽代壁画已达到较高的艺术水平。

另有教汉旗康营子墓壁画、白塔子墓壁画、北三家一号墓壁画，多以人物为主，描绘宴饮、起居、庖厨等墓主人生前的生活内容；翁牛特旗解放营子墓壁画则直接画在周围用圆木叠砌的多边木椁上，内容有门神、毡车出行场面，出行图技法幼稚。此墓留下几幅较为完整的花鸟画面，构画采用对称手法，装饰味颇浓；克什克腾旗二八地石椁内壁的彩色壁画颇具特色，其题材是狩猎、车辆、帐子、主人坐骑等，形象真实，富有游牧民族的生活气息，作品于朴素中见灵巧，具有一定的艺术魅力；值得提及的还有哲里木盟库伦旗1号辽墓壁画，联壁大幅，描绘了墓主人生前的豪华生活场面，人物栩栩有神，场面声势煊赫，线描挺劲而利落，画车马技法极为纯熟，墨线所过之处，如行云流水，笔笔不苟，是辽代壁画中不可多见的佳作。

辽代壁画数量多在辽宁境内，不过，具有代表性的却为数寥寥。朝阳市内耿延毅墓壁画，因积水所浸蚀，画面已模糊不清；北票县小塔乡莲花大队耶律仁家族3座墓中的壁画，以人像为主，高达2米以上，其中1、2号墓门

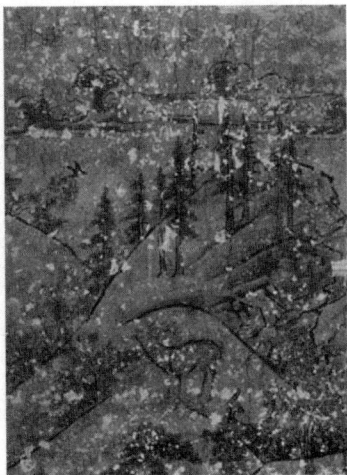

壁画《山水·秋》，以简炼的笔法描绘出略带伤或情绪的山林秋色。

壁画《山水·夏》

辽圣宗永庆陵中的壁画《山水·春》，笔调轻松、抒情，表现了生机勃勃的春天景色。

南侧绘有山、树、云石点缀，人物描绘技巧颇高，可与庆陵媲美；义县奉国寺大雄宝殿殿顶梁柱上的辽壁画保存完好，其中飞天造型极佳，犹存唐代风韵。

河北因地处汉文化发达地区，其境内的辽墓壁画艺术水平较高。发现于北京南郊的赵德钧墓壁画，内容多为现实生活题材，技巧纯熟不亚于一般卷轴画，画面结构紧凑，人物神情各异。此外，各前室还保留壁画 2 幅，均描绘女仆制作面食和进面点的画面，线描虽不经意，形态却较真实。建于辽天庆六年（1116）宣化张世卿墓壁画，内容丰富，其中《散乐图》长近 2.55 米，高 1.72 米，人物与真人等大，神态各殊，生动地表现了当时乐舞表演场面。天井有壁画 4 层，绘有人物、花卉、鹤竹、荷塘，具有写生性，似在表现四季的不同变化。另外，天井顶上的《星象图》，是研究中国古代天文史的珍贵资料。

山西大同是辽国西京，墓葬时有发现。许多墓室壁画中都画有家庭生活及饮宴场面，如大同西南郊新添堡 29 号墓壁画、大同北郊卧虎湾 1、2、4、5 号墓壁画、大同十里铺村东 27 号墓壁画。这些辽墓壁画内容大同小异，因有契丹人物形象，其制作时间当属辽代后期。

辽代壁画是中国古典艺术中的瑰宝，对现代艺术有深远影响。

金人确立一夫一妻制

十世纪函普时代，女真已基本确立了与文明时代相适应的一夫一妻制，标志着女真社会已开始进入文明时代。

10 世纪时，女真始祖函普，本是朝鲜半岛新罗人，在六十岁时归附完颜部，以完颜为氏。他在调解完颜部与别部的矛盾冲突中立下大功，部族人就酬谢

他一头青牛，并许配他一位年六十而未嫁的女真女子。函普用青牛作聘礼娶了这位女子，并得到她作为陪嫁的牛马农具财物等资产。婚后函普有二子一女。后来女真各部结为联盟，函普被推举为部落酋长，成为女真始祖。

在当时的家庭中妻从夫居，世系与财产继承都以父系来计算；婚前男方需以聘礼纳妇，算是被出让的女儿的赎金，女方可有一定陪嫁；每个家庭都有了自己的私有财产。金代女真的一夫一妻制从一开始就同别的民族一样，只是对妇女的一夫一妻制，男子则没有这种限制，官吏可以娶妻三人，一般百姓也可以纳妾，至于帝王贵胄更是嫔妃妻妾成群。

女真早期，男女婚姻有较大的自由，并不需要"父母之命，媒约之言"。《松漠记闻》记载：女真的富家子弟常常在夜晚携带酒馔骑马到兀惹住地，兀惹女子则以歌舞助兴，有的同他们一起饮酒。倘若双方有意，女子可随男子而去，其父母也不加干涉。留数年生了孩子之后，回到娘家，男方执女婿之礼，这被称为"拜门"。在后来的女真人相亲、订亲、成亲仪式中，则仍保留了一些母系氏族制留下的痕迹。订婚时，男方及其亲属携带酒馔到女家，女方家人无论男女老幼都坐在炕上，接受男方及其家人的拜礼，这叫做"男下女"。礼毕，则女方家长即开始挑选男方带来的马匹，往往只留下十分之三、四或一匹也不要。女方家也给一定的回礼。成婚后，男子要留在女方家"执仆隶役"，三年之后方能携妻回家，女方要陪送奴婢、牛马。这显然是母系氏族制的遗风，不过，这时私有财产也受到重视。

女真文创立

金收国元年（1115）女真族完颜部领袖阿骨打建立金国时，女真民族尚无文字。为便于接受汉族和契丹族较先进的文明，便于在金辽对峙、金宋对峙中进行交流，完颜阿骨打举兵破辽时，俘虏一些契丹人和汉人，命他们教诸子弟学习契丹字和汉字，主要是学习契丹字。因此金朝初期的文书往来和种种记录几乎全部使用契丹字。

随着金代社会经济发展的需要，特别是在战争中连

刻有汉、女真两种文字的《奥屯良弼饯饮碑》。

连取胜和在与汉、契丹交往中民族意识的觉醒，阿骨打命完颜希尹创制女真文字，记录本民族的语言，"希尹乃依仿汉人楷字，因契丹字制度，合本国语，制女真字"。

天辅三年（1119）八月，完颜希尹所创的女真文字颁行，从此结束了女真族无文字的历史，促进了民族素质的提高及民族文化的交流，它标志着女真文明的进步，在中华文明的长廊中增添了异彩。

天眷元年（1138）金熙宋完颜（1135–1148）鉴于契丹文字有大

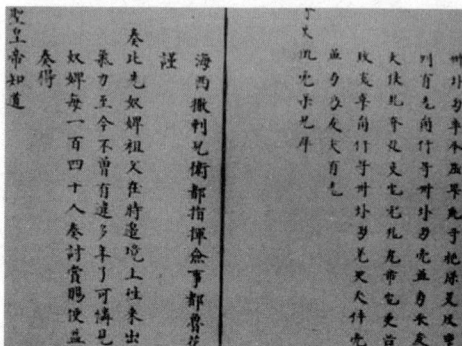

《女真译语》，是金代用女真文翻译的汉文书之一，今存"杂字"、"来文"两部分。"杂字"部分是词汇，包括女真字、汉义和汉字注音。"来文"收录女真官吏向明朝进贡的表文，用女真语汇依汉文文法堆砌而成。

字和小字的制度，在原有女真文字基础上又创造了一种女真文字进行颁行，完善了女真的文字体系。先创的被称为女真大字，后创的被称为女真小字，二者在各自颁布日起便在金国境内通行，并且直到明代早期，女真族聚居的我国东北工区仍通行该种文字。当然，汉字在女真文颁行后仍一直在金国能行，首期也通行契丹字。

女真文字参照模仿汉字和两种契丹文字而创制，字的笔画较少，字形结构既像简体汉字，又像契丹大字和契丹小字的原字，有些则干脆来源于契丹大字或契丹小字。它的笔画横平竖直拐直角弯，有横、直、点、撇、捺等笔画之分，科与汉字仿佛。但有些女真文字仅保留了原出汉字的相近字形和相近字音，不保留源出汉字的字义，只作为记录女真语言的一个音节符号，单独构成单音节词，或者与其他女真字拼成多音节，有点类似日语的假名。从中可见汉字与契丹两种字在女真人创制文字的过程中所起的潜移默化而且不可估量的影响作用。连书体和书写格式，女真文字都仿学汉字，书体有篆、楷、行、草之分，最常用的是楷体字；格式一般也是由上往下，从右向左换行，即使最后一个因是多音符拼合成的多音节单词而写不下时，也可把余下的音节写在下一行行头。但书写格式上也有特例，苏联赛金古城出土的"国诚"银牌上的女真字即有把组成一个单词的两个女真字按先左后右的方式堆

在一起，与契丹小字的排列法相同。据现有女真文字资料，如金代的《大金得胜陀颂碑》、《女真进士题名碑》、《庆源寺碑》等碑刻，西安碑林孝经顶部发现的安书残页，苏联列宁格勒所存残页以及一些印章、铜镜边款等；明代的奴儿干《永宁奇碑》、四夷馆《女真译语》、《方氏墨谱》等，进行考察统计，女真文字共有900余字。但这些资料的文种只有一种，缺乏对照，还不能确定传世的女真文字究竟是大字还是小字，研究工作有待进一步展开。

金朝创制并大力推行女真文字，对迅速提高女真民族的素质，缩小同当时先进民族的差距，促进本族的文化发展和社会进步，从而从总体上推进中国历史文化的发展都有很大益处。

金筑金长城

为防御自12世纪下半叶起日益强大的北面蒙古骑兵南下威胁，金自天会年间（1123~1137）开始修建东起嫩江，西到河套西曲之北的长达万里的规模宏大的国防工程——金长城。

金长城前后修建50余年，有北、中、南3条主干线，由壕堑和墙体、马面戍堡与边堡组成。金王朝设西南、西北、临潢和东北诸路招讨司统辖大量兵马守御金长城。

金长城的主体建筑是墙与壕。为防御蒙古铁骑，金长城大部分建造在开阔平坦之草原或山谷草地，附近水草丰美，宜驻扎军队且牧且守。金长城选用外壕、外墙、内壕、内墙4重并列的建筑布局。其中，外壕宽6~8米，深度超过1米；外墙挖掘壕时以土夯打成，宽12~15米，梯形平顶式；内壕更宽，达15~20米，深度0.3~1米；内墙宽8~10米，高度为2~5米，也是掘内壕时土夯筑成。

戍堡和边堡是主体建筑的防御配套设施。戍堡直接筑于内墙外侧或内侧，为圆形夯土建筑，直径6~10米，堡顶瓦梁建筑用了遮蔽寒暑；戍堡间隔一般为60~70米之间，以利于两堡之间守军交叉放箭，防御敌军。边堡为墙壕内侧较大的屯戍设施，是带有护城河的方型夯筑的土城，每边长100米，边堡内有营房建筑，外有练兵场；有些城门还有瓮城。每边堡之间大约5公里。

金长城整个工程纵深达 45~50 米，错落有致，并改变了以往墙体项部窄小、守军不能登城的情形，使守军可以进行横向机动。此外戍堡和边堡的建筑配套设施，对进一步提高防御能力，传递军情，互相联系以及应付紧急情况就近增接都极为有利。

金长城无论从建筑设计和防御配套设施上都有大胆的改革和创新，对防御蒙古骑兵的冲击还是相当有效的，但随着金王朝自身力量的日渐衰弱，蒙古兵马力量日益壮大，到宣宗时蒙古铁骑已并非金建长城所能抵御，金长城才逐渐废弃不用。

佛教入金

金在 1125 年灭辽南进中原后，佛教方始大规模传入。金代帝王对佛教都采取了有节制的扶持政策，使金代佛教保持了相当隆盛的局面。

金代统治者皆崇奉佛教，他们不仅在内庭供奉佛像，还在各地兴建寺院，布施币帛良田；皇族有病，皇帝亲临寺院求佛乞愿；有时还召高僧入内庭说法，王室贵族争相罗辞，指施珍品。世宗在位时（1161~1189）是金代盛世，社会安定繁荣，佛教事业也趋于极盛。

这个时期，佛教各宗派都有相当规模的发展，禅宗仍是佛教主流，发展最盛。杨歧一派的禅僧如道询、圆性、政言、相了、道悟等，皆是金代较有声望的高僧。

这一时期的佛教思想也出现新的主张，禅僧以曹洞系的万松行秀（1166~1246）为代表，居士以李纯甫（1185~1231）为代表，提出了兼融三教的思想，万松行秀提出"以儒治国，以佛治心"，李纯甫则提出"佛即圣人，圣人亦佛"，这与同时期宋代政治家们主张三教合流有着惊人的相似和一致，大抵封建统治者提出儒释道合流，目的是为维护封建社会伦理纲常，佛教为了自身的利益，当然愿意适应统治者这一政治上

金代铁佛，形体高大，表情端庄，衣饰纹理自然。

的需要。这种思想发展到清代，雍正皇帝进一步提出"佛以治心，道以治身，儒以治世"。

金代统治者吸收了辽代佛教过渡发展的教训，也接受宋统治者儒佛并重的影响，并不一味佞佛，而是采取利用与限制相结合的政策，对佛教管理比较严格，防止浮滥。

金代帝王崇奉佛教更多的是持一种"敬而远之"的态度，他们进一步完备取缔宗教教团的法制，严禁民间私建寺院，严禁私度尼僧，严格规定由国家定期定额地试经度僧，并限制各级僧人蓄徒的名额。佛教在这种限制下，僧人的数量增加不多，但质量却有所提高。尤其试经制度，促使僧尼主动学习和研究佛经，提高了他们的素养，同时也刺激了佛经的出版，著名的赵城金藏，即成于此时。

金代沿袭唐宋的僧官制度，通过考试选拔僧材，建立各级僧官管理组织。金代还恢复国师制度，国主以师礼礼敬僧人，开元代"帝师"制先河。

金人编韵书

金初，著名音韵学家韩道昭编撰了一部在中国音韵学史上占有重要地位的韵书，即《五音集韵》。

韩道昭，字伯晖，真定松水（今河北正定）人。他父亲韩孝彦也是当时声名昭著的音韵学家，曾编写《四声篇海》15卷，把《玉篇》的542个部首按36字母的顺序排列起来，同母的部首，又按平、上、去、入四声排列；并据《类编》、《龙龛手鉴》等字书，增杂部37部，共计579部。这对韩道昭后来在音韵学上的成就影响很大。

《五音集韵》在韵部划分和编写体例上，对隋代陆法言《切韵》以来的正统韵书体系有较大的革新，在很大程度上纠正了以《切韵》为本的唐宋韵书与口语严重脱节、分部过分苛细、使用不便等误失，及时

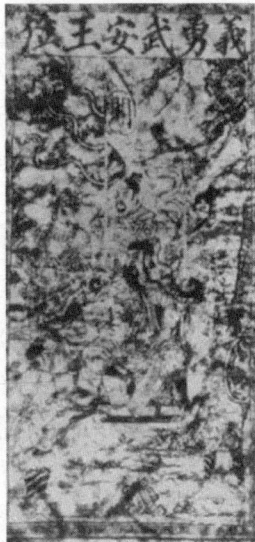

金代《义勇武安王位》年画

057

地提供了一部切合当时语言实际又便于使用的音韵学工具书。

金哀宗正大六年（1229），金朝的王文郁继韩道昭的《五音集韵》，又编著了《平水韵略》一书。金哀宗正大八年（1231），即《平水韵略》著成一年半后，金朝张天锡又著《草书韵会》5卷。

金朝在汉文韵书方面取得了很大成就，这与金代统治者重视文教事业，重视汉民族文化的发展有很大关系，也同音韵学本身的积累特别是等韵学的进展以及音韵学家的努力密切相关。

金攻陷辽五京

金天辅六年，辽保大二年（1122）十二月，完颜阿骨打（金太祖）率军陷辽五京。

金收国元年（1115）正月，阿骨打称帝建国之后，连续向辽发动了一系列进攻，自收国二年至今年，六七年间，先后攻陷辽的五京。

收国二年（1116）正月，渤海人高永昌据辽东京辽阳府自立，辽命宰相张琳募饥民2万余人进讨。高永昌向金求援，阿骨打乘机派兵出击辽东。正月，先败张琳军于沈州（今辽宁沈阳），然后擒杀高永昌，占领东京。

天辅二至三年（1118~1119），金与辽议和不成，遂大举进攻。四年五月，金三路出兵奔袭上京临潢府（今内蒙古巴林左旗南），仅半日，攻入外城，留守达不野以城降，耶律延禧（天祚帝）仓皇逃往中京大定府（今内蒙古宁城西）。

天辅五年（1121）正月，辽副都统耶律余睹降金。十二月，金以完颜果为内外诸军都统，大举南下攻辽。天辅六年（1122）正月，攻陷辽中京。天辅六年（1122）、辽保大三年正月，果以辽降将耶律余睹为先锋，先攻下了高（今内蒙古赤峰东北）、恩（今内蒙古昭乌达盟宁城北）二城，继而一举攻陷中京，又南下攻克了泽州（今河北平泉南）。辽天祚帝逃往夹山。耶律延禧逃往西京大同府。

三月，金诸军副统都完颜宗翰（粘罕）得知辽西北、西南两路兵马皆老弱不可用，遂决策西进，与完颜果会师羊城泺（今河北沽源北），逼近西京。

辽天祚帝逃往夹山后，金兵沿着其逃亡的路线继续追击。天辅六年（1122）

年、辽保大二年四月，辽西南面招讨使耶律佛顶云内（今内蒙古自治区土默左特旗东南）、宁边（今内蒙古自治区清水河与偏关间）、东胜（今内蒙古自治区）等州均投降了金朝。接着，金围攻辽西京（今山西大同），辽将耿守忠领兵来救，金宗翰、宗雄、宗干各军陆续赶到，宗翰率领所部从中路发起进攻，其余金兵下马以弓箭射辽兵，耿守忠大败，金很快攻下西京。

西京一失，辽西路州县部落随即土崩瓦解，纷纷投降金朝，天祚帝一直逃到天德军（今内蒙古自治区乌梁海以北）与阴山之间。

同月，金应宋童贯的要求，分兵两路，由得腾口和居庸关南下攻辽南京析津府（今北京）。辽军不战自溃，遂轻取南京。至此，辽五京均为金所有。

完颜阿骨打去世

金天辅六年（1122）、辽保大二年，金太祖阿骨打领兵亲征辽中京（今内蒙古自治区宁城西）后，天祚帝逃出燕京（今北京市）城，至鸳鸯泊（今河北张北县西北）、夹山（今内蒙古自治区萨拉齐西北），一直向西逃去。金太祖率军一路追赶。

天辅七年（1123）六月初一日，追至鸳

金太祖阿骨打陵地

金上京遗址

金上京遗址出土的瓦边

鸯泊，由于路途鞍马劳累，身染重病，只得下令退还上京（今内蒙古自治区巴林左旗东）。八月，病逝于途中，年五十六，庙号太祖，谥武元皇帝，墓号睿陵。

阿骨打于辽天庆三年（1113）为女真各部的都勃极烈，连败辽军，天庆五年称帝建立金国，击溃辽天祚帝亲征，连取辽上京、中京、西京、燕京，攻占了辽极大部分地区，一直把天祚帝赶到荒漠之地的夹山，辽已濒临灭亡。

金开始出兵侵宋

天祚帝被俘后，除西辽外，辽的残余势力已被金扫除。于是，早就竭力主张侵宋的宗望、宗翰等金的一些将领纷纷借口宋朝破坏协议，提出对宋用兵。

金军分兵两路，西路军由宗翰率领，由云中（今山西大同）进攻太原（今山西）；东路军以宗望为主将，由平州（今河北卢龙）攻燕山（今北京）。

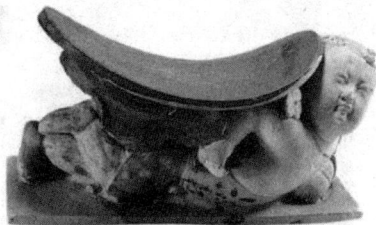

金代养生家很重视睡眠与养生的关系，睡眠的卧起时间、姿势，乃至枕头、被褥都有一定的讲究。图为金代三彩卧童枕。

《昭陵六骏图》之一，金人赵霖画。"昭陵六骏"是指唐太宗李世民的六匹战马。《昭陵六骏图》使人追忆唐人画马的雄壮风格和六匹马驰骋战场的雄姿。

十一月，东路军接连攻占檀州（今北京密云）、蓟州（今河北蓟县）。宗翰的西路军向太原进逼。

金军进攻宋京·李纲坚守开封

靖康元年（1126）正月初三，金军渡过黄河的消息传到开封，徽宗来不及等到天明，当天半夜就只带着蔡攸、宇文粹中和几个内侍仓惶出通津门东逃。一直逃到泗州（今江苏盱眙）才敢稍稍停留休息。这时，童贯、高俅率领胜捷兵赶到，又怂恿徽宗渡淮河往扬州（今江苏）。当徽宗过浮桥时，随

驾卫士攀望号哭，童贯怕影响逃跑速度，竟命令亲军放箭，不少卫士中箭落水。同徽宗一起南逃的还有蔡京、朱面力等人。徽宗到了扬州后，把太上皇后丢在扬州，自己一直逃到长江南岸的京口（今江苏镇江）。

宗徽宗仓惶出逃，宋钦宗的新朝廷人心慌乱，主战、主逃议论不一。

钦宗当即任命李纲为尚书右丞兼东京留守，想让李纲为他守东京，而自己逃往陕西避敌。李纲流着泪拼死请求，钦宗才答应不去陕西，留在东京。这样，

李纲像

京城人心逐渐安定下来。第二天，任命李纲为亲征行营使，全面负责都城开封的防备。李纲临危受命，当即组织军民全力备战。初八日，防守准备工作还在紧张进行时，金兵就到了开封城下，并在郭药师的引导下，占领了开封西北牟驼岗的天驷监。当晚，金兵即以火船数十艘顺汴河而下，进攻西水门。李纲亲自临阵，以二千名敢死队员布列城下，用长钩钩敌船，投石击船。初九日，金军又进攻酸枣门、封邱门。李纲又率领一千多名精于射术的警卫赶往酸枣门指挥战斗。

与此同时，宋钦宗却忙于说和，在割地赔款留人质的条件求金人退兵。在李纲的指挥下，开封军发打退了金军的进攻，保卫了开封城，但金军并未退兵，开封城依然处于金军包围中，形势仍十分危急。靖康元年（1126）、金天会四年正月中旬，康王赵构与宰相张邦昌根据金军要求去金营作人质的时候，宋各地勤王援兵逐渐来到京城，兵力总数达到二十多万，宋军在兵力总数和声势上均压倒金军，金军只好北撤退守牟驼岗，因为宋钦已答应议和条件。开封城也暂时得到解围。

金攻陷开封·掠走二宗

靖康元年（1126）、金天会四年十月，太原、真定相继失守后，十一月中旬，西、东两路金军分别渡过黄河。赵构等得知这一消息，就留在相州（今河南安阳）。而钦宗君臣听到这一消息，就留在相州（今河南安阳）。而钦宗君

臣听到金兵渡河向开封进军的消息后，吓得惊慌失措，不知所为。二十五日，东路金军到达开封城下。几天后，西路金军亦到达，两路金军包围了开封城。钦宗连忙派人持蜡书到相州，封赵构为兵马大元帅，命其立即率军入援开封，又下诏令各路勤王兵赶来救援，然为时已晚。闰十一月二十五日，郭京打开宣化门率其徒逃跑，金兵乘机登上开封城城墙，攻占了开封外城。但是开封军民并不向金军投降，仍继续战斗。他们杀死了昨天前来议和的金使，有三十多万人请求发给他们武器与金军作战。金军将领下令纵火焚

建于北宋开宝年间的繁塔属楼阁式砖塔，内外墙镶满数千个33厘米见方的佛像砖，形成特殊风格。

城，百姓蜂拥而来，以至金兵在城上不敢下来。最后，金军故伎重演，再次提出议和，宋钦宗和大臣们又一次信以为真，命令军民停止抵抗，向金投降乞和。十二月二日，钦宗奉上降表，正式向金投降。

　　金军攻占开封城后，要求太上皇宋徽宗去金营商议投降条件。宋钦宗被迫代徽宗去金营，答应了金提出的金部条件后于十二月初被放回。靖康二年（1127）、金天会五年一月上旬，金又因为向宋索取的犒军金银未能及时交纳要钦宗再次去金营。钦宗一至金营，即被扣留，住处有全副武装的金兵守卫，甚至围以铁绳，有时一日三餐也不能按时供给。夜里，金兵燃起火炬，呼声不绝，北宋君臣相顾失色，钦宗唯有流泪而已。第二天，金军又逼迫宋徽宗及太后至金营，并下令凡宋各皇子、皇孙、后宫妃子、帝姬等全部去金营。靖康二年（1127）、金天会五年三月七日，金人扶殖的张邦昌傀儡政权正式成立后，四月一日，金将宗望、宗翰带着被俘扣留在金营的宋徽宗、钦宗和赵氏皇子、皇孙、后妃、帝姬、宫女及大臣三千余人以及掠夺的大量金银财宝回归金朝。金军离开开封时，还把宋宫中所有的法驾、卤簿等仪仗法物、宫中用品、太清楼、秘阁、三馆所藏图书连同内人、内侍、伎艺工匠、倡优、府库蓄积搜刮一空，席卷而去。

金大举南侵

建炎三年（1129）十二月，金完颜宗弼（兀术）入临安，赵构（高宗）航海南逃。兀术占领建康后，率军直逼杭州。

在明州的赵构率大臣登船逃向定海（浙江镇海）。金军占杭州，派斜卯阿里、乌延蒲卢浑率军4000人追击赵构。张俊在明州组织抵御，赵构乘船逃至温州沿海。

次年（1130）正月，金军占领明州，乘船南追，遇大风雨，被宋枢密提领海船张公裕率大船冲散，只得退回明州，宣布"搜山检海已毕"，大肆虏掠后北撤。天会五年（1127，南宋建炎元年）秋，金以傀儡张邦昌被废为借口出兵侵宋。十二月，金人分兵三路大举南侵：东路由讹里朵与兀术率领自沧州（今河北）境内渡河，中路由粘罕率领自河阳（今河南孟县南）渡河，西路由娄室率领自同州（今陕西大荔北）渡河，次年七月，金军在休整之后，再一次发动战略进攻，准备一举消灭宋王朝。金军连续攻陷永兴军，大各府、中山府、濮州、徐州、扬州。

天会七年（1129）、南宋建炎三年七月末，金统治者企图完全消灭南宋朝廷，乃决定再次发兵侵宋，计划由挞懒攻取山东及淮北地区，兀术由归德（今河南商丘）南下，拔离速马五由今河南经湖北南侵，娄室仍攻陕西。十月末，拔离速、部首先在黄州（今湖北黄冈）渡江攻入江西，穷追隆祐太后。兀术军则先后攻占庐州（今安徽合肥）、和州（今安徽和县）、无为军（今属安徽）等地，攻采石渡，不下，复转趋马家渡（今安徽和县南长江西岸）。南宋江淮宣抚使杜充指挥无方，抵抗不力。十一月，兀术得以顺利渡过长江，并进而攻占了太平州（今安徽当涂）、溧水县（今属江苏）顺利进入建康城（今

金代天王像一派金代武士装束

江苏南京），守臣陈邦光、户部尚书李木兑迎降。江南各地南宋守军望风而逃。

南齐建立

建炎四年（1130）九月，金立刘豫为齐皇帝，建都大名府。

建炎二年（1128），宋廷派刘豫知济南府。他受金人引诱，杀守将关胜降金。三年（1129）春，金王朝任命刘豫为京东西、淮南等路安抚使、东平知府，其子刘麟被任为济南知府。

金代玩具骑马人，映了金代人在马上的生活习惯。

四年九月，金王朝册立刘豫为皇帝，建立傀儡政权，国号"大齐"。先建都大名（今属河北），后卷至汴京开封，统治旧黄河以南地区，次年（1131），金又将新占领的陕西地区画为大齐辖区。

伪齐建立后，对内镇压抗金活动，赋敛繁苛；对南宋大搞诱降活动，在宿州（今安徽宿县）置招讨司引诱南宋的叛逃分子。同年五月，李成从淮西叛降伪齐。绍兴三年（1133）四月，南宋水军都统制徐文率海船六十艘、官军四千人，自明州（今浙江宁波）浮海抵盐城（今属江苏）投降伪齐。给南宋造成极大危害。

吴玠败金兵于和尚原

富平之战宋军败给金兵之后，秦凤路经略使吴玠率兵退守凤翔的和尚原（今陕西宝鸡南），积蓄粮食，整顿军队，建立山寨，准备死守。当时关、陇六路全部陷落于金兵之手，只有阶、成、岷、凤、洮州及和尚原尚在宋军控制之下，其中和尚原是金兵入川的必经之地。

绍兴元年（1131）五月，金兵将领设立从凤翔、乌鲁折合从散关出兵合攻和尚原。吴玠与其弟吴璘率军还击，四战皆胜。十月，金兀术亲率十万大

军西进，自宝鸡造浮桥渡渭水进攻和尚原。吴璘、吴璘等选强弩劲弓，轮番迭射，发箭如雨，连续不断，金兵稍退。紧接着吴玠派奇兵出击，激战三日，大败金兵，俘获甲兵以万计。金兀术身中流矢，仅以身免。这样宋军在和尚原取得了自与金交战以来前所未有的大胜利。

吴玠败金兵于仙人关

金天会十一年（1133）、南宋绍兴三年十一月，完颜宗弼（兀术）率金兵攻打和尚原。吴玠部将吴璘因粮草运输不继，于是拔寨退兵弃去，金军攻克和尚原。天会十二年（1134）、绍兴四年二月，兀术率十万大军从和尚原凿山开道，沿秦岭东下，进攻仙人关（今甘肃徽县

《中兴四将图》，刘松年画，绘南宋初将领刘光世、韩世忠、张凌、岳飞（从右至左）。

南）。宋将吴玠自和尚原失守以后，即在仙人关筑垒，取名"杀金坪"，严阵以待。二月末，两军交战。吴玠率万余人守杀金坪，吴璘从阶州率军驰援，转战七昼夜，终于与吴玠合兵一处共同御敌。三月，金兵继续进攻。相持数日，吴玠派兵主动出击，以统领王喜、王武诸将分别率部攻入金营，金军败退，大将韩常被宋军射中左眼。兀术下令撤兵，退回凤翔（今陕西）。四月，吴玠率军出击，收复秦（今甘肃天水）、风、陇（今陕西千阳）等州。此后数年，金军均不敢轻举妄动。

金人勃极烈制形成

在金国政权形成之前，女真族部落中采用的官制是"勃堇制"，随着全国政权的建立，金朝统治者逐渐改革官制，并最终形成"勃极烈制"。

11世纪初，女真诸部落在统一过程中，逐渐形成由部落、地方联盟和军

事部落大联盟三级组织组成的政权形式。其中部落首领称为部长，或称勃堇，战时又称猛安谋克。地方联盟首领则称为联盟长，或称都勃堇、众部长、都部长。到建立金国之前，勃堇制已基本上具备了国家统治机构的基本职能，行使着国家机器的各项权力。

穆宗时期，为提高军事部落大联盟长的地位，并区别于地方部落首领的称号"都勃堇"，穆宗下令以"都勃极烈"来作为军事部落大联盟长的专称。

当时军事部落大联盟的最高权力机构是"部落贵族议事会"，其成员由军事部落联盟长即都勃极烈、国相及都勃堇组成，其中又以都勃极烈为核心，行使着联盟内的一切重大军政事务。金朝建立后，都勃极烈与国相及都勃堇的关系上升为君臣关系，都勃极烈成为皇帝。

同年七月，金太祖将国相和勃极烈在名称上统一起来，利用原有贵族议事会的形式，形成了金国的最高军政权力机关——国论勃极烈制，由皇位继承人和原国相及统治集团成员构成诸勃极烈，而诸勃极烈以外的其他统治集团成员及各部落勃堇，则成为金国各级官员。

勃极烈制度一般由五、六个勃极烈构成，其中又以谙班勃极烈为其首领，即为国储。其余勃极烈在不同时期有不同的称号，在历史上前后出现的有十种之多，如国论勃极烈、国论忽鲁勃极烈、国论阿买勃极烈、国论昃勃极烈、国论乙室勃极烈、国论移赉勃极烈、国论阿舍勃极烈、国论左勃极烈、国论右勃极烈和迭勃极烈等等。勃极烈制度虽然只有五至六个成员，但是它却涵括了作为一个国家机构所必须具备的各种职能。

首先，是国家的决策机关。一旦有重大国家事务需要讨论，诸勃极烈通常召开御前会议，会议表决的方式是合议。其次，是国家的最高司法机关。除非有重大意义的案件需皇帝亲自审判，一般的案件均由诸勃极烈办理，且皇帝若审案有差，诸勃极烈可责罚之。再次，诸勃极烈制还是国家的最高行政机关，由于勃极烈人数较少，故每个勃极烈均身兼数职，分别负责一定的事务。最后，若有重大军事行动，诸勃极烈制还是国家的最高军事统帅机关。先由御前会议商议出相应方案，再由皇帝委任军事统帅，实施军事行动。

至此，诸勃极烈制度基本形成，并作为金国最高国家机关延续多年。

金发生政变

金天眷元年（1138），完颜昌、完颜宗磐将河南、陕西等地归还南宋，以换取宋向金称臣纳币，并将汴京、行台移到大名府（今河北大名东），接着又移治祁州（今河北安国）。这一系列行动引起了部分女真贵族的反对。次年，完颜希尹复任左丞相，与完颜宗斡、宗弼等上奏弹劾完颜宗磐私通宋朝。当时正好碰上会郎君吴矢谋反被处死，且事情与完颜宗磐有牵涉。于是，金熙宗于七月将完颜宗磐和完颜宗隽逮捕，不久处死。随后，完颜宗弼迅速赶到燕京，囚禁了宗孟等。又以金熙宗之命，将完颜昌改任为燕京行台尚书左丞相。完颜昌大怒，于是反叛。南方去不得，只好往北，到儒州望云甸被擒，囚禁于祁州元帅府内。八月，完颜昌也被诛杀。完颜宗斡升任太师，完颜宗弼为都元帅，掌握了军政大权。

金代青釉印花三足灯

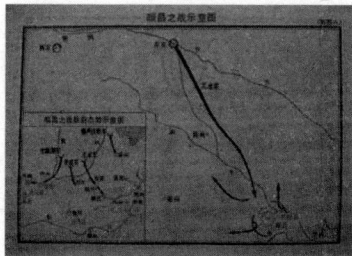

顺昌之战示意图

金商业繁荣

金初频繁的战争，曾一度导致关津闭锁，商业萧条。金太祖为了促进商业的发展，采取开放关系，与宋设立榷场贸易，使得商业进入恢复期并开始发展，他的鼓励农耕，减免租赋，和贷款利息的政策，与周边民族开展广泛的贸易活动，使得从海陵王至金章宗时期商业十分繁荣。

金朝为了保证商业的发展，制订了一系列商业政策。从大定初年至章宗泰和年间，先后多次修订商税法。大定二十年制定的金银百分取一，诸物百分取三，诸物税高于金银税 3 倍的商税法，不利于本小利微的中小商人。

金章宗针对其弊端，将税法改为金银百分取三，小商贸易诸物取四。金银税仍低于贸易税。但由于朝廷怕触犯富商的利益，仍然沿习了这一税法，保证了富商大贾的商业活动和利益。与此相适应，金统治者还加强了对商业的多方面管理，诸如对市场的管理，在各路设置了专门的商业机构，督管物价，度量衡器，建商税务司，由都监巡察偷税漏税的情况。对榷贷管理，对十类商品的国家垄断及控制，如盐的国家专卖制度的贯彻实施，酒、茶贸易的国家垄断均十分严厉。榷场贸易的关卡很严，以防范商人偷税、漏税及贿赂官场的行为。查禁走私与违反商业法的活动，严令禁止贩运兵器、铁器、铜、盐、米、麦、马、钱等物品，对于违反商业法及走私活动打击十分严厉。虽然违法，走私活动时有发生，但在一定程度上满足了南北各地人民的生产和生活需求，促进和保障了商业的繁荣。

在这些政策的保障下，金朝市场繁荣，商品品种齐全，数量多，农副产品及手工业制品如各种果蔬、桑、柘、麻、麦、羊、豕、雉、兔、布、丝、绢、绸以及各种铁制农具、用具，东北的特产人参、蜜腊、鹿茸，牲畜如马、牛、羊等都进入市场自由买卖。金朝的商税额逐年递增，大定年间，中都税使司每年税收为 164440 余贯，而承安元年就增长到 214579 贯。

随着商业的发展和贸易的需要，许多新兴的商业城镇崛起，有意识地建设了一些重要的商品集散地，并对旧城区加以改造和拓展，城镇规模扩大，人口增多。

金泰和年间，开封府的居民户数已为北宋时的 6.7 倍。城市的扩大和人口的增长又反过来刺激市场的扩大和发展，使商业更趋繁荣。商业行会组织的出现一方面适应了封建政府对商业进行约束和管理的需要，另一方面也适应了商人为维护同行的利益，垄断当地商业，排斥外来竞争的需要。是商业繁荣的一个表征和商业发展成熟的一个重要标志。

为了适应商业的快速发展，在承袭辽宋币制的前提下，进行币制改革并发行了自己的货币，成为金朝商业繁荣又一标志。

金制定法币

金章宗承安三年铸造"承安宝货"，是我国货币史上第一次使用白银作为法定的通用货币，成为我国古代币制的一次革命。影响了元朝及以后的中国古代及近代币制。

金朝建国前没有货币，在商贸活动中实行的是物物交易，占领辽、宋后，沿用其旧货币并随着商业的发展和繁荣，对此加以改造，创制了自己的货币。金朝发行货币开始于海陵王贞元元年（1153）迁都之后，户部尚书蔡松年复钞引法，创制了交钞，并在中都及其他十四府七州设交钞库、抄纸场。这时发行的交钞分大、小钞两种十等，规定流通期限为七年。章宗大定二十九年（1189），改为无限期流通，它的出现于南宋会子六年，可以说是币制史上的一次重大改进。海陵王正隆三年（1158），设宝源、宝丰，利用三钱监铸造"正隆通宝"的铜币，并开始流通。章宗大定十九年铸"大定通宝"，第二年就铸了一万六千多贯。泰和四年（1204），铸制泰和重宝，由于金代铜少，此后没能再铸铜钱，因而铜钱无法取代纸币作为主要流通货币。

金章宗时，纸币作为永久流通货币而被大量发行，加之货币屡屡更改，市民怨恨，金代币制开始陷入极度混乱之中。纸币极度贬值，以至卫绍王大安三年（1211）会河之役时用84辆车子运送所需的军赏，其价值轻得几乎不如印制它的工墨费。政府为抑制币制混乱采取的措施是乱发纸币，每次发行都提高所当旧币的额数，这样不仅不能保证币值，反而更加贬值，通货膨胀十分严重，在这种情况下，人们争相追逐铜钱和银，使得银的地位愈来愈高。物价上涨，商旅不行，社会经济陷入危机之中。为此政府采取了一些经济上的对策，其中之一就是铸造银锭，使其便于流通，金章宗承安二年（1197）以前是以锭来计量白银的，银锭重五十两，这一年，开始铸造"承安宝货"，有一两至十两共五等，从此成为法定货币，这次货币的革命性变革虽无法改变金王朝经济极度混乱的局面，却对后代产生了深远的影响，元代的币制就是由此直接脱胎而来的。此外，金政府采取了促使货币回笼，以时估价、限价、计价等措施，仍然无法逃脱滥发纸币带来的货币流通规律性的惩罚，以致亡国。

汉金音乐集于金宫庭

　　金代统治者十分仰慕和重视汉族的宫廷礼乐制度，喜好汉族的宫廷音乐，它在有意吸收汉族音乐文化的同时，力图保存和发展其本族传统音乐文化，建立宫廷音乐文化。

　　金代的宫廷音乐始于金太祖时期（1115~1122）。太祖十分重视搜集汉族宫廷礼乐文物。当时金统治者往往从攻克的辽国城市中获得乐工和乐器。然而金初的宫廷音乐水平并不甚高。

　　太宗天会五年（即宋靖康二年，1127），金兵攻入开封，掳去宋徽宗和宋钦宗，并顺便劫走宗室、侍者、乐工等三千多人，乐器、文物两千余车。而早在这年正月，金已向宋索取乐人三千余人，包括教坊乐人、露台祗候妓女、歌舞及宫女、嘌唱、小唱、杂剧、弄

金代吹笛乐俑

影戏、各类乐工等，其中主要是教坊、散乐方面的乐人，而雅乐方面的则较少。另外，金还索取乐器、乐书、乐章、仪仗等无数，使金宫廷音乐的水平有所提高。

　　皇统元年（1141）熙宗加尊号时，始采用宋的宫廷雅乐；皇统三年（1143），金才有了掌管雅乐的太常寺及其所属的太乐属，设置了太常卿、太常丞、协律郎、太乐令等官员，金代的宫廷礼乐初步建立起来。

　　世宗、章宗时期（1161~1208），金的宫廷礼乐制度已达到完备，粲然可观。金世宗大定十一年（1171），太常寺参照汉人历代的礼乐制度，拟定《太常因革礼》，确定了宫悬架数；确定了乐典以"宁"为名，命学士院撰制词章；确定了依唐代开元间乐舞顺序，先文舞后武舞等等。据《金史·乐志上》所载，此时的卤簿人数，多达近 1400 人，非常壮观。大定十四年（1174），太常寺

采用汉族避讳制度，采用"太和"为乐器名称。明昌五年（1194），金到开封召来宋朝老乐工，重新补制了若干钟馨，使之完备谐和，合乎周、汉以来律制。明昌六年（1195），确定太庙、别庙的堂上乐工156人，规模比大定二十九年（1189）的百人编制更为恢宏。这一时期的乐种已很齐备，主要有雅乐、散乐、鼓吹横吹乐，大都沿用宋代乐器和乐制。

当汉族音乐深入金朝宫廷时，引起了金朝统治者的忧虑。金世宗非常热爱并致力于保存本民族音乐，他曾"命歌者歌女真词"，教育皇子皇孙不要忘本，要用心承继女真乐，特别是大定二十五年（1185）他竟在宴会上亲自歌唱女真曲，引动群臣父老都相继歌唱本族传统歌曲。

金代舞伎俑

金朝廷在宫廷音乐方面汉金共重，既能大量吸收借鉴汉族的文化传统，有利于金朝统治的巩固，又能力图保持和发展本民族的音乐文化，使之得到传承，为中华音乐添姿增色。

西夏建内学

夏仁宗仁孝（1124~1193）即位后，十分重视儒学教育，任用濮王仁忠、焦景颜等大臣主管文化教育，办学校，设科举考试以选拔人才。夏大庆四年（1142），各州已普遍设置学校。到人庆二年（1145）七月，在仁宗主持下建立太学；八月，再仿汉人太学建立夏朝自己的皇家学校，仁宗亲自主持奠基开学礼；人庆三年三月，朝廷颁诏尊孔子为文皇帝；人庆四年（1147）八月，正式开科举以策试举人；人庆五年（1148）三月，在原有基础上进一步加强建设内学，夏仁宗亲选当时的名儒主持讲授，同时还派专人增修律书，书名为《新律》。

通过这一系列行之有效的措施，西夏的政治、文化有了很大的发展，其中逐渐融入了许多的汉族文化因素，儒家思想从此深入人心，在西夏的政治、文化、经济中占绝对的统治地位。

西夏儒学鼎盛

　　儒学在西夏王朝得到大力传播、发展乃至达到鼎盛时期，与西夏最高统治者的努力不无关系。从西夏开国皇帝景宗李元昊起，许多皇帝都热心于儒家文化，政令所出，如风行水上，儒学于是在西夏蓬勃生长。宋朝大臣富弼对此有一个很好的概括，说西夏"得中国土地、役中国人才、称中国位号、仿中国官属、任中国贤才、读中国书籍、用中国本属、行中国法令"。儒学在西夏的鼎盛，也使西夏的封建国家走向鼎盛。

　　西夏开国皇帝景宗李元昊深受儒家文化熏陶，精通汉文、熟读儒家经典及法律、兵书著作。虽然他为了增强民族意识而下令改姓名、造文字、变发式，

图为西夏文医书

但在实际统治中，仍然搬用中原王朝以儒家思想为指导的现成的封建政治制度，进行诸如改元、建号、设官、定朝仪、建学校科举等，并且十分重视招揽与任用汉族文人，唯才是用，大力提拔，这就使儒学在西夏的传播，得以开风气之先。

　　毅宗李谅祚和惠宗李秉常是继景宗之后热心儒家文化的皇帝。1061年10月，毅宗李谅祚下令国中废除"蕃礼"，改用"汉礼"。第二年，又遣使臣向宋朝献马50匹，求赐宋太宗御制诗草、隶诸本，建阁宝藏。又求赐九经、《唐书》、《册府元龟》及宋朝正旦、冬至朝贺仪。1063年，毅宗改用汉姓，认真学习汉族文化，重用汉人。在毅宗过世后，后族势力得势，宣布废除"汉礼"，恢复"蕃礼"。1076年惠宗李秉常亲政，宣扬儒家文化；1080年下令断然废除"蕃礼"，改行"汉礼"。西夏儒学在诸位皇帝的大力倡导下得以传播。

　　崇宗、仁宗时期，西夏儒学进入大发展阶段；仁宗时期西夏儒学发展到

鼎盛时期。

1099年，崇宗李乾顺亲政，开始采用汉族的封王制度，并且建立国学，教授儒学，又建立"养贤务"，以培养人才。崇宗把汉学定为"国学"表明他推行汉文化的决心，比前朝推行的汉礼汉仪又前进了一步。

仁宗时期西夏儒学鼎盛。仁宗李仁孝酷爱汉文化，他继位后大力提倡以儒治国。1144至1145年，在全国各地普遍设立学校；在宫中建立"小学"；又在兴庆府建立培养高级儒学人才的"大汉太学"。

1148年复建内学，选有名的儒学大师主持。1146年，仁宗正式宣布尊孔丘为文宣帝，下令各州郡设庙祭祀。紧接着1147年又仿宋朝制度实行科举，西夏儒学从此进入空前鼎盛时期。

仁宗李仁孝以儒学治国，培养了一大批儒学人才，担任重臣。并且翻译了大量的汉文儒家经典。1154年仁宗遣使至金朝，购买大批儒学和佛教书籍。用西夏文翻译了《论语》、《孟子》、《列子》、《左传》、《周书》、《毛诗》、《贞观政要》、《孙子兵法》、《六韬》、《黄石公三略》等书籍。西夏汉文经典多向宋朝求取，经过多年儒学文化的浸淫，西夏的各种重点书籍如《圣立义海》、《蕃汉合时掌中珍》等无不充满了儒学的精髓。

仁宗李仁孝在位55年，儒学在西夏也鼎盛了55年。儒家文化的高度发展，使西夏王朝走向它的鼎盛时期。

宇文虚中反金被杀

宇文虚中（1079～1146），字叔通，成都华阳人，曾官至中书舍人。宋宣和年间，蔡攸、童贯等欲联金攻辽，他上疏谏阻，被贬官为集英殿修撰。金兵南下犯宋时，为军前宣谕使，数次出使金营议和，后因此遭弹劾，获罪被贬斥。宋建炎二年（1128），宇文虚中任祈清使赴金，结果被扣留。金廷对其加以官爵利禄，宇文虚中被迫接受，从此便在金国为官。在金廷历任翰林学士、知制诰兼太常卿，号为国师，后升任礼部尚书。

宇文虚中恃才傲众，常常讥讽金人，为此得罪了不少当朝权贵，为金贵族所忌恨。金皇统六年（1146）二月，有人以宇文家的图籍为证据，告其谋反，藏书家高士淡亦被逮捕，两人均被下狱治罪。六月，二人被杀，宇文虚中终年六十七岁。金人亦认为这是一桩冤案。但是据《系年要录》记录，宇文虚中暗中联合东北反金义志，且与翰林学士高士淡密谋反金，打算乘金廷郊祀时劫杀金主。前期还致书于宋廷，愿为反金外援，但秦桧拒不接受。反金事发以后，宇文虚中及其子皆遭死难。宇文虚中素有才学，生前著有《宇文肃愍公文集》。

金蒙议和

金代善化寺的帝释天塑像

完颜宗弼（兀术）率八万神臂弓弩手征讨蒙古，历经数年，终不能胜，而且在征战中，金将挞懒被杀，其子胜花都郎君还私下与蒙古相通。金兀术见战事不利，便想议和，乃于皇统六年（1146）八月遣汴京行台尚书省事萧博硕诺与蒙古议和，但蒙人不允。双方又打打停停，直到皇统七年（1141）三月，经过多次交涉，金蒙才开始和议。和议规定，金国割让西平河以北二十七团寨（亦名胪朐河，今内蒙额尔古纳河上游）给蒙古，每年金还进贡蒙古大量的牛、羊、米、豆、绵、绢之类货物。于是，蒙古自号大蒙古国，蒙古鄂伦贝勒长敖罗勃极烈则自称祖元皇帝，改元号为天兴。

金代侍女像，是难得的传神之作

和议以后，金蒙双方暂时休战，出现军事对峙局面，金已无力征讨蒙古，只能加强防守己方边境的要害地区。

西夏实行科举制度

1147 年仁宗为适应西夏封建社会迅速发展的需要，为巩固皇权，加强专制主义的中央集权统治的需要，于八月"策举人，立唱名法，复设童子科，于是取士日甚"（《西夏书事》卷 36）。西夏开始正式仿宋朝制度实行科举取士制度。

西夏正式实行科举制度以前，是通过"蕃学"选拔人才的，这种方式在某种程度上具有科举取士的性质。但由于以党项为主体的

西夏壁画《弥勒经变图》局部

西夏国家原有文化基础落后，又无培养教育人才的学校，因而科举制实行的基础不存在。

随着儒学日益发展，到仁宗时期，西夏儒学进入鼎盛时期，仁宗于 1144~1145 年，在全国普遍设立学校。全国各州县均设"小学"；宗室子弟则进入"宫学"；在兴庆府设立培养高级儒学人才的"大汉太学"。儒家学说的传播发展为西夏推行科举制度奠定了基础。

仁宗实现科举取士制度后，把科举取士制度化，不论党项人、汉人或宗室贵族，都必须完善化，通过科举进入仕途。神宗遵顼由宗室"策士"而步入最高统治地位。

献宗德旺在兵临城下国之将亡仍要"策士"，甚至皇家李桢随父到金国避乱仍不忘"应经童试"，可见科举取士在当时的重要。西夏 1161 年设翰林院，许多有名的翰林学士均是通过科举进入仕途的。在西夏后期实行了 80 多年（1147~1227），深入人心。

但是，仿效宋朝建立科举制度，并未达到统治者希望巩固皇权和加强中央集权统治的目的，反而由于科举制度而产生的官僚政治上的种种弊端，如

冗官、朋党、吏治腐败等，致使政治统治效力下降，令西夏加速走向衰弱。

西夏设造纸院和刻字司

　　西夏仁宗天盛年间（1149~1170）制定和颁行了一部国家法典，即《天盛改旧新定律令》，其中设立了许多的国家机构，里面便有中央机构"造纸院"以及"刻字司"。西夏国设置的"造纸院"是负责管理造纸手工作坊的机构。而"刻字司"则是管理印刷事业的机构。西夏的印刷事业很发达，这同当时西夏国造纸技术的先进是分不开的。

　　西夏在同宋朝的贸易中输入必需的纸张，与此同时也从宋朝引进工匠和造纸技术，用以独立发展自己的造纸事业。

　　西夏人造纸是采用麻、树皮等作为原料的，这些原料含木本韧皮纤维，粗帘纹，因而造出来的纸张较薄，透眼比较多。天赐礼盛国庆二年（1072）西夏国境内的瓜州（今甘肃安西）地区审判档案文书用的纸张就是这种纸。这类纸种类少，而且质量较低。而后来在西夏国黑水城中的西夏文书用纸则不同，这些纸张从厚而坚密的、光滑的纸和胶合纸，到薄而透明的，如同现代的卷烟纸一样的纸都有。纸张的颜色多为灰色但深浅程度不同，从雾白色到近乎褐色者都有。也有少量纸张是涂鲜黄色的。这时候，西夏国造的纸种类丰富，质量已相当不错。

　　西夏"造纸院"的设立，使得造纸事业稳定发展，加之当时正是先进印刷术盛行的时候，西夏的印刷事业在这两种动力推动下也建立和发展起来。

　　西夏国雕版印刷品主要分三类，即佛经、西夏文世俗著作、西夏文翻译的汉文典籍。

　　佛经有汉文和西夏文两种。西夏文的有天赐礼盛国庆五年（1075）刻印的《般若波罗密多心经》及其发愿文，以及天盛二十年（1168）刻印的《金刚般若波罗密经》；汉文的则有仁宗乾祐二十年（1190）在一次法会上施印汉文经15万卷，其中就有《观弥勒上升兜率天经》及施经发愿文。此外还有蝴蝶印本刻版的西夏文《佛说长寿经》等。

　　西夏文世俗著作有辞书、法律、历史、文学、医学等著作。其中有正德

六年（1132）刊印的西夏文字典《音同》，而且这本字典，有五、六种版本。此外，西夏文世俗著作雕印本有五、六十种之多。

西夏文翻译的汉文典籍，主要有《论语》、《孙子兵法》、《六韬》、《黄石公之略》、《类林》、《贞观要文》等。

西夏文和汉文印刷的佛经、世俗著作、汉文典籍中还有一个突出的特点，那就是在这些书籍中均有许多精美的木刻图画，甚至还有连环画图本。

西夏国造纸术的发展，"造纸院"以及"刻字司"的建立，极大地促进了印刷术的事业发展，为提高西夏人的文明程度起了重大的作用。

金开雕《大藏经》

金代印刷业相当发达，皇统年间（1141~1149），为便于刻印汉文典籍、管理民营的书坊和书铺，除中都（今北京）之外，在平阳（今山西临汾)也设立了专门的雕刻印书机构。平阳府不在要冲地区，战乱破坏较少，此地出产的书籍刻板古称"平水板"，书写工整，雕镂极精，就是南宋著名的精椠刻本亦不能及。大批金代平水本书籍甚至远传到西夏、西辽等国。

《金藏卷首图》

随着金代平阳刻书事业中心的形成，金熙宗完颜亶于金皇统八年（1148）命平水刻工在解州（今山西运城西南）天宁寺开雕"大藏经"，一直到金大定十三年（1173），前后共历时二十五年之久，完成刻印佛典 6000 余卷。

1933 年，金所刻大藏经在山西赵城县（今山西洪洞西北）广腾寺被发现，故称赵城藏，亦称平水藏、金藏。

金代黑釉剔花小口瓶

金修《辽史》成

辽朝早期便专门设有史馆，负责撰写皇帝的起居注、日历，纂修实录。辽天祚帝乾统三年（1103），由史官耶律俨主持，综合编撰修订历代的实录，最后共成70卷。金熙宗完颜亶在位期间打算系统地修订一部《辽史》，于是下令史官们立即着手进行这一项工作。这部《辽史》曾先后由史官耶律固和萧永祺等执笔撰写，所依据的资料就是前面所述的辽国70卷实录。

金皇统八年（1148）四月，金所修订的《辽史》始告成功，然而因为当时未曾刊行此书，民间并无存本，加上战乱不断，所以等到元代再修《辽史》时，原金修《辽史》已散失无存。因此，金修《辽史》一事只见于史料记载，至于此部史书的具体内容及史料详实与否，后人已无从得知。

完颜亮政变继位

金皇统九年（1149）十二月九日夜，完颜亮发动宫廷政变，亲手杀掉完颜瓶亶（金熙宗），夺取帝位，是为海陵王。

金熙宗晚年的时候，贵族完颜宗弼（兀术）执掌大权，政局颇为稳定。但金兀术于皇统八年（1148）去世后，朝廷内部权力纷争再起。完颜亶无法控制政局，遂迁怒于大臣，不仅杀左司郎中三合、杖平章政事秉德，还因怀疑其弟胙王元与河南起义军有关而杀胙王元、弟查刺和左卫将军特思，再因不满裴满皇后干预朝政而杀皇后及妃嫔多人，因此朝中大臣们人人自危。

完颜亮为完颜宗幹之子，太祖之孙。他自幼通晓汉制汉文化，欲乘完颜亶末年政局混乱之机谋夺皇位。皇统九年（1149）初完颜亮任都元帅；三月为太保，领三省事。他联合权贵完颜勖及完颜宪、完颜秉德等人，揽持权柄；五月，完颜亮因被告发指使翰林学士张钧诽谤皇帝而遭贬出朝，行至北京（今

内蒙古宁城县）时，即密谋起兵北返，适逢奉召回朝复任平章政事而暂罢其事。皇统九年（1149）十二月九日夜，完颜亮联合左丞相完颜秉德、大理卿完颜言及金熙宗的护卫等，发动政变，完颜亮闯入皇帝寝宫，执刀刺死完颜亶。然后，又假传完颜亶圣旨召完颜宗贤等入殿议事，乘机杀死他们。完颜亮随即继位，废前主为东昏王，大封功臣，并大赦，改皇统九年为天德元年。

金征二税

金代的土地有二种所有制形式，一为民田，一为官田。民田又叫私田，是由封建地主和自耕农占有。金初，民田的所有者主要是汉人，金中期以后，随着女真奴隶制的崩溃，封建制变革完成，女真贵族凭着政治上的权势侵夺大片官、私田，逐渐发展起女真大地主土地所有制。在金朝统治者的提倡、奖励垦荒政策鼓励下，一些自耕农靠垦荒获得土地。但大部分靠租佃地主的土地生活。据资料显示，这时期官田民田的数量各据其半。

金代民田输纳地税的

金代观音菩萨立像

金代观音菩萨立像

制度继承并发展了两宋的两税制。宋代二税是根据土地肥瘠划分上、中、下三等交纳不同数额的田税，分夏、秋两季征收，夏季纳钱，秋季纳米粟。金代，

079

不论土地肥瘠均交纳同数额的田税，夏税每亩收取三合，秋税每亩收取五升，还需每亩交纳一束15斤的禾秸。相比之下，比前代稍轻。金的二税总额比宋代下等田的秋税还少两升一合。交纳的时间期限也比宋分别晚两个月。主要是为了避免农民不等成熟就收获来赶纳税期限的现象，符合农民的利益。为了改革前代两税输纳的弊政，金朝统治集团对唐朝中晚期以来实行的二税法作了较大改进。表现在输税粟麦可以根据路程远近递减税额，作为输送路上的耗减量：依照家庭规模分出等级并以此为根据输送税粮到不同距离的地方，上户输远仓，中户次之，下户最近。通过这些改革，在一定程度上减轻了农民的负担，使民各尽其力，以保证政府的税收。金代二税的征收还可采取折变的方式，因此区农作物的不同可折算成不同的实物征收，使农民得到一些便利，但边要关不许折变以确保军粮储备。同时，内地各路只能在保证国家粟麦储备数量的条件下，才能折纳。个别贫困地区允许折纳所产的物品。

总之，唐代建立的二税制，经五代、辽、北宋的发展，到了金代通过改革最后完成了向地税的转化，成为我国封建税制的一次重大变革。

金迁都燕京·营造中都

天德五年（1153）三月，金朝将都城迁到燕京（今北京），第二年即称为中都大兴府。

金原来建都上京（今哈尔滨西南）。天德三年（1151）三月，海陵王因为上京地处极北，偏僻而且不便统治，于是决定将都城迁往地点居中的燕京（今北京）。接着命人扩大燕京城，修建宫室。四月，正式下诏宣布将迁都燕，一面命尚书右丞相张浩调集各地民工、匠人扩建燕京城，建造宫室。

张浩是辽阳渤海人，精通汉文化。天德三年（1151）他受命与蔡松年一起主持营建中都。天德五年（1153），工匠们经过两年的辛勤劳作，终于大功告成。扩建后的中都城周围九里三十步，仿照汉人的都城宫室制度。城正门叫宣阳门，门内分别设有来宁馆、会馆，用来接待使臣。

皇帝宫城在内城，有九重宫殿，总共三十六殿，以皇帝宫殿为中心。内城的南面，向东有太庙，向西有尚书省。内城西面有同乐园、瑶池等游乐场所。

天德五年（1153）三月，海陵王举行盛大的仪式，浩浩荡荡南迁，进入中都燕京。从此，金朝的统治中心南移到了中都。

金蚕桑技术提高

我国古代重要的农书《农桑辑要》共收录技术资料572条，而140条来自金代的《务本新书》和《士农必用》两书，两部书中有关蚕桑的占了116条，反映出金代蚕桑技术大大超过了六七百年前的《齐民要术》的记载。自宋代开始的蚕桑重心南移以后，北方的蚕桑事业及技术水平并未就此衰落，尤其在金代有了较大程度的提高。

《齐民要术》记载的种桑椹很简单，仅说在收取成熟的桑椹的当日就用水淘取出桑籽，晒干，翻整好土地，保证足够的水后下种，像种植葵一样，经常除

金代砖雕丰收舞蹈人，表现出古人丰收时的喜悦心情。

草保持无杂草，不足20字。而《务本新书》却用了400字左右的篇幅详细地介绍种植桑椹的方法。种植方法增至两种并详细具体地作了介绍，说桑椹太细，必须用黍子或蚕沙拌和，然后播种，才能比较均匀。而且与黍子混合播种及在畦西、畦南种苘麻，可以为刚出土的桑苗遮荫。在论述养蚕收种问题时，《齐民要术》仅说：收取茧种，必须选择那些位于中间的茧子，太上面的丝薄，接近地的不能成活生出蚕的幼芽。而《务本新书》的文字却是其十几倍。其内容首先指出收取茧种的重要性，认为养蚕的好坏取决于茧种，收取茧种是养蚕成功的首要因素；其次，收取茧种，"开簇时"要选择接近上端而对着阳光的，这种茧强壮、优秀；进而说茧种要单独摘出来，放在透风、荫凉的房子里的干净箔子上，一一单排，到了时间，蛾子自然会出生。还需将不好的蛾挑出来不用，只留下"完全肥好者"，让它们在预先安排好的箔连上交

配产卵。这说明金代对蚕种异常重视，对种植桑树和养蚕的各种细节的记录，都比《齐民要术》有较大进步。

总之，金代蚕桑技术在继承和保持原有水平的基础上，表现出明显的进步。

金重定典制官制

海陵王完颜亮即位后，对金朝的政治军事制度进行了一系列改革措施。

天德二年（1150），废除了都元帅府，仿照汉人制度设枢密院，由中央任命枢密使、副使主管军事。同年又废除了行台尚书省的设置，政令统一由朝廷颁布。正隆元年（1156），又将形同虚设的中书省、门下省撤销，只设尚书省主管朝廷政务，直属皇帝。尚书省的最高长官为尚书令，将平章政事官废去不设。这样，尚书省成了皇帝直接控制的唯一政权机构，而金朝中央也就形成了枢密院与尚书省分掌军政的局面。正隆元年（1156）五月，金廷正式颁布实行"正隆官制"，经过一系列的改革，金朝的政治制度从此基本定型。

南宗文官立像

在"正隆官制"正式颁布实行之前，金朝的典制也得到了重定。

天德五年（1153），金迁都燕京，改元贞元，将燕京改为中都大兴府，汴京改为南京（今河南开封），又将上京的名称废去，称为会宁府。同时，又将占领的汉族地区分成十四路，设置了总管府。金总共设置五京、十四个总管府。

贞元元年（1153）三月，金恢复殿试，规定乡试三个里面取一个，府试四个里面取一个。府试分成六路举行。府试常额以五百名为限，殿试又减少人数。后来又将南北选和经义科废去，只考词赋、法律。同时，金还废除了一些酷刑。金的刑罚，原来有沙袋、杖脊等酷刑。金熙宗早已将沙袋废去。海陵王再将杖脊等酷刑废去。金的徒刑分成五等，从五年到一年不定，犯人充当劳役，期满释放。也是在同年三月，金确定了车盖的样式，规定：后妃车用金作饰物，三品以上官员用银作车的饰物。旧亲王、宰相用紫色车盖，太子用红色车盖，各妃子用紫色车盖，三品以上官员用青色车盖等等。从此以后，金的典制基本确定下来。

金朝典制官制的重设，为宋朝以后的发展奠定了基础。

金砖雕艺术发达

金是北方女真人继辽之后建立起来的又一国家，其文化生活较辽更为汉化。北宋灭亡后，金继承了中原内地的砖雕艺术并加以发扬光大。

北宋时兴建的开封铁塔，其玻璃砖雕艺术堪称世界一绝。金朝贵族崇尚厚葬的习俗又促进了砖雕艺术水平的高度发达。山西孝义下吐京村金墓是一座仿古结构的砖墓，全墓七壁均有砖雕作品。砖雕工匠用高超的圆雕手法，生动形象地表现出墓主夫妇闲坐、喝茶、饮酒、伏案书写、童子开门、梳妆打扮等生活画面，情节生动，充满了浓郁的生活气息。

精致华美的雕砖以晋南稷山地区的金墓群最为典型。其中雕刻最为普遍的是人物杂剧。在所发现的 14 座金墓中，其中马村 1 号墓北壁砖雕 24 幅人物故事画面，"赵孝舍己救弟"、"蔡顺拾椹奉亲"等，都是当时民间广为传颂的二十四孝故事。马村 2 号墓是杂剧人物砖雕，人物动态表情围绕一个情节而作出不同反应，情态极其逼真，是情节性故事砖雕的代表之作。

4 号墓是表现杂剧人物及乐队表演的场面，奏乐击鼓，神情专注；演员表演，角色各异。另外，河南焦作金墓出土的一组童子乐

金夸雕击鼓舞蹈童俑

金砖雕吹觱篥乐俑

083

舞砖雕，塑刻结合，情趣横生，实为砖雕中的杰作。

丰富多彩的金代砖雕，反映了金代民间高超的砖雕艺术水平，为研究金代的社会文化生活提供了宝贵的原始资料。

金人准备南侵

正隆四年（1159），金主海陵王积极准备南侵。二月，他调发契丹等部落的壮丁充军，并且下令凡是年龄在 20 岁以上、50 岁以下的人，一律纳入军籍，听候调遣。军队一下子增加了 12 万人。八月，海陵王又下诏各路调集马匹，一共得到马一万余匹。接着断断续续又调集了大批兵马，为南下伐宋作准备。

同年二月，金命工部尚书苏保衡在通州督造战船，并派使到各路总管府督造武器。三月，下令将各路贮存的武器全部集中到中都。各地制造武器所用的材料，全部从民间征集得来，广大农牧民负担大大加重。十月，金又征集大批工匠民夫到中都造兵器，到潞河造战船。工匠民夫死伤很多，怨声载道。

当时，金朝各族官员中有人对海陵王准备南侵持不同意见。尚书左丞、契丹人耶律安礼密谏南伐，海陵王不听。一次，江淮人祁宰乘入宫给元妃看病的机会，谏阻南伐，言辞激切，海陵王大怒，将他斩杀。

皇太后徒单氏对迁都很不满意，对派兵侵宋更是反对。她多次谏阻海陵王，都没有效果。她又将这件事对枢密使仆散忽土讲。海陵王很不满，派护卫将徒单太后杀死，朝中其他官员听说，没有人再敢劝阻。

海陵王积极调集兵马，赶造战船和武器，为南下伐宋作好了充分的准备。他还密派画工，潜到临安绘制图画，再画上自己策马站立在吴山，制成屏风。然后题上"立马吴山第一峰"的诗句，表示自己立志南侵。

成无己注《伤寒论》

1156 年，金代伤寒学家成无己去世。

成无己曾为《伤寒论》作注解，他对《伤寒论》及伤寒诸症有很深造诣。

古代中医的伤寒，是指从发热起始的急性病（包括某些急性传染病）的总病名。《伤寒论》是汉代医圣张仲景的著作，因年代久远，医理精深，金人多难释读。

成无己（约1066~1156），聊城（今属山东）人，出身于行医世家，自幼得家学真传，他还精于儒学。他鉴于《伤寒论》精深难读，于是继宋人对其作过一定解释后，首先对其进行全面详细的注解。他博览《难经》《素问》《灵枢》等中医著作，综合融通，再结合自己的临床医学实践，按照原书体例进行较为详明的注释，阐发其微妙。他的注解已不只是仅为原书作注，还补充了许多自己的心得，对后世继承与发展伤寒学起到关键作用。此外，他还有《伤寒明理论》4卷，对《伤寒论》中症候及病理作了简要评析，并附有常用方药20剂。

后人评价成注本《伤寒论》"引经析义，尤称详洽，诸家莫能胜之。"成无己是注释《伤寒论》的第一人，后世也有人仿其体例继续注释《伤寒论》。

完颜亮大举南侵

宋绍兴三十一年（1161），金正隆六年，海陵王完颜亮派答书枢密院事高景山、右司员外郎王全出使宋朝，祝贺天中节（端午节）。五月，金使至宋，举止倨傲，又派人测量水闸的宽窄。按照完颜亮的授意，金使见到高宗时，当面厉声数落，并索取从金叛逃的大臣和淮汉之地，又说赵桓（宋钦宗）已死，气势嚣张，想借此激怒高宗，为金南侵寻找借口。宋君臣惊愤，开始商议钦宗葬祭之事，并调兵到江、淮之地。

金代花瓣口三彩刻花瓶

经过一年多的准备，正隆六年（1161）、宋绍兴三十一年九月，海陵王派太子光英、尚书令张浩留守汴京，亲自率兵南下侵宋。宋金战争全面爆发。

完颜亮率兵六十万，从清河口（今江苏淮阴西南）侵入淮东，其东路军

攻下几座城池，而西路军进犯黄中堡（今陕西凤县西北）时，被宋将吴璘击败。

十月，海陵王率军从涡口（今安徽怀远）架浮桥渡过淮河，宋将王权连夜从庐州（今安徽合肥）率兵逃往昭关（今安徽含山北）。接着金将萧琦长驱直入，攻占滁州，扬州危在旦夕。同月，宋将刘我锜在清河口大战金兵，初获小胜；后来失利，又听说王权兵败，就率兵退回扬州。淮阴百姓惊慌逃避，很多人死在路上。在此前后，金中路军派骑兵三千进攻樊城，宋将吴拱大败。不久，王权退守昭关（今安徽含山北小岘山），又撤到尉子桥（今安徽含山西北），面对宋将姚兴的三千士卒抗御优势敌兵，他却自卫不援，使姚兴最终被金兵包围，全军覆没。

王权败退的消息传来，临安一片惊慌。在左仆射陈康伯和权礼部侍郎黄中等人的劝谏下，宋高宗决定亲征，并派知枢密院事叶义问、中书舍人虞允文等人率军抗敌。但金军不久以后还是攻陷了真州（今江苏仪征）、扬州。接着，金军来争夺瓜州渡（今江苏扬州长江北岸老运河入口处），却大败而还。在密州（今山东诸城）胶西县陈家岛，金军又遭到大败，其水师几乎全军覆没。这时，金国统治集团内部正巧发生了内讧，海陵王决定班师，金对宋的这场大规模入侵才告结束。

金东京发生政变

金东京（今辽宁辽阳）留守完颜褒（旧名乌禄），是金太祖的孙子，其父是许王讹里朵。他性格沉静，讲仁孝，通情达理，是女真贵族中颇有声望的人物，深受众人拥戴。

金正隆六年（1161）九月，海陵王南下侵宋，派副留守渤海人高存福监督完颜褒。由于女真将士中有许多不愿随完颜亮南侵，不久就有兵变发生。从辽东征调南下攻宋的曷苏馆女真猛安完颜福寿等率一万多人，走到山东境内时叛变，举部回师东京。十月，故吏六斤从汴（今河南开封）回来，讲了完颜亮杀害母后等事，亦声称他还会派人来杀害各位宗室兄弟。完颜褒很害怕，就与他的舅舅商议对策。

十月初七，完颜福寿与完颜谋衍在东京发动了政变，杀副留守高存福，

拥立完颜褒为帝。完颜褒在宣政殿即皇帝位，下诏改年号为大定，大赦天下，同时，历数完颜亮弑皇太后、杀太宗及宗翰、宗弼子孙及宗本诸王，还有毁上京宫殿等几十条大罪，下令将其废黜。

完颜褒将自己的名字改为完颜雍，后世称之为金世宗。世宗初登基，以完颜谋衍为右副元帅，高忠建为元帅左监军，完颜福寿为右监军。

完颜亮被部将所杀

金海陵王完颜亮（1122~1161），字元功，本名迪古乃，是金太祖孙。

正隆六年（1161），宋绍兴三十一年，也就是金世宗大定元年，十一月，海陵王率军达扬州，得知金水师被歼，黄河以北又都已归附金世宗，进退两难，于是孤注一掷。他命令金兵3天内渡江南侵，并规定有逃亡者处死，刑罚苛刻，激化了统治集团内部的矛盾。金军将士多已不愿再战，浙西路都统制耶律元宜、猛安唐括乌野商议反叛完颜亮，得到大家的一致响应，耶律元宜等率领众军士清晨攻进御营。完颜亮听见外面一片混乱，以为宋军到了，刚取弓，已中箭倒地。元宜率众人缢杀海陵王，还处死其亲信尚书右丞李通、近侍局使梁统等。不久，金兵北撤30里，派人到镇江议和，全数北去。

海陵王于皇统九年（1149）杀熙宗自立，在位十二年。其间，他强制推行汉化，进行政治经济改革，推进了金朝的封建化过程，对女真民族与汉文化的交融作出了积极的贡献。但他施政苛猛，又举兵南侵，宋朝军民的坚决打击和内部的激烈反对是导致其灭亡的根本原因。而不顾客观条件，自不量力，使他陷入了这一内外交困的严重境地。

大定二年（1162），金世宗废完颜亮帝号，降封海陵郡王，谥号"炀"。

金葬宋钦宗

宋乾道七年、金大定十一年（1171），北宋京城失陷后被掳到北方的宋钦宗在金去世，南宋孝宗派使臣赵雄前往吊唁，但没有请求金朝让钦宗灵柩归葬南方的意思，在金世宗看来，位于巩县和洛阳两地的宋宗室陵墓已不可能迁葬，而南宋不迎钦宗归葬与传统伦理相悖，因而让宋朝前来处理丧事的使臣就此事征询宋孝宗的意见，宋孝宗没能考虑这一建议，金世宗只得下令以一品官员的礼仪将宋钦宗葬于巩原。

金颁行女真文本汉籍

金世宗为了使女真人能够阅读汉人的典籍，明白所谓的仁义道德，从而从思想上加强统治，曾经下令将汉人的儒家经典等书翻译成女真文字。为此，金朝专门设立了一个译经所，招集大批既懂汉文，又通金文的文人学者，大批翻译汉文书籍。

宋薛尚功《历代钟鼎彝器款识法帖》所录的鸟虫书戈铭和种铭

大定二十三年（1183）八月，金世宗将已经译成女真文的《孝经》一千部交给点检司，命他们分发给护卫亲军阅读。九月，译经所又献上译成女真文的《易》、《书》、《论语》、《孟子》、《老子》、《扬子》、《文中子》、《刘子》和《新唐书》，金世宗看后大喜，说道：命令翻译五经，是想让女真人也知道仁义道德啊。接着下令将这些译书颁行全国。女真文本汉籍的颁行，有效地促进了女真族和汉族文化的交流。

卢沟桥修建

金大定二十九年（1189），金朝统治者为解决南北交通不便，在北京城西南15公里的永定河（旧称卢沟河）上开始动工修建卢沟桥，历时三

塞北三朝的文明

卢沟桥全景

卢沟桥石塑柱上刻有姿态各异的石狮

年，至明昌三年（1192）完工，初名曰"广利桥"，后因河得名为卢沟桥。

卢沟桥是闻名世界的中国古代多孔原墩联拱石桥，全长212.2米，加上两端桥堍，总长266米，由11孔石拱组成，近岸孔跨长约16米，中心孔跨长约21.6米，形成一种跨径由中心一孔向两侧递减，使桥身造型以中心对称而向两侧作渐变韵律的处理。拱石之间有腰铁相联，桥墩迎水方向作分水尖，并在每个桥墩分水尖端置一个三角形铁柱，以其锐角来迎击冰块保护桥墩。为保护拱脚，在墩下又打入许多短木桩。桥面净宽7.5米，

卢沟桥晓月碑夜色，是燕京八景之一。

为框式横联结构形式。桥面与桥栏自两则向中间逐渐升高，使整座桥呈微向上拱的平滑曲线。桥上保留有精美雕刻。桥中心孔两侧与西边第5孔拱顶龙门石上保留的3个龙头雕刻，为金代原物，风格独特，现存桥的整体造型、桥墩与桥身部分构件的雕刻，均为金代原物。现存石栏板及望柱，虽为不同时期的遗物，但大部分仍为金代原物。桥身两侧各有石雕护栏，281根栏杆望柱柱头刻仰覆莲座，座下刻荷叶石墩，柱顶刻石狮子大小达485个，个个造型生动，姿态各异。东端桥堍石栏尽头两侧各有一只大石狮，两端则有两尊石象，另有华表4根，石碑4通。

现存卢沟桥为清康熙中毁于洪水后重建，仍坚固如初。桥东头有清乾隆御笔题刻的"卢沟晓月"碑亭为"燕京八景"之一。卢沟桥一直是北京通向

南方的交通要道，行人和车辆来往繁忙。1937年7月7日，日本在此发动"卢沟桥事变"，抗日战争爆发，卢沟桥因此名传中外。

卢沟桥是闻名中外的石拱桥，它的设计艺术和建筑技巧在中国乃至世界桥梁史上占有重要地位，是中国古代劳动人民智慧的结晶。

小尧舜金世宗去世

金大定二十九年（1189）正月，金世宗完颜雍逝世。金世宗本名乌禄，金太祖阿骨打的孙子。皇统年间，被封为葛王，后来历任兵部尚书、西京留守，东京留守等官职。海陵王完颜亮南下伐宋。他在辽阳起兵，被拥立为皇帝，改元大定。在金世宗统治的近30年（1161~1189）中，金朝步入稳定阶段，完颜雍也有"小尧舜"的美称。

完颜雍是一个比较明智的治世君主。他博览经史，崇尚儒学，很熟悉汉族帝王的统治思想和方法。他虚心纳谏，生活上很节俭，任人唯贤，德才兼重，他治理国家主张仁政、宽政。他在称帝之后，拒绝了女真旧贵族还都上京的建议，决意重新还都中都，而且基本上继承了熙宗、海陵王时期的官制，继续任用海陵王时期的文武百官，还极力争取女真贵族的支持。大定四年（1164）冬天，他跟南宋重订和议。此后30年内，宋金之间都没有发生重大的战事。

为了发展生产，他制定了一些新的

金大定二十五年（1185），金世宗为追述先帝创业功绩，建筑了大金得胜陀颂碑，阳刻汉文，阴刻金文。

金代的孝子故事壁画——舜子。描绘了舜子尽孝而感动天地，耕地时有象、鸟帮忙的故事。

经济政策，包括：实行通检推排，平均赋税徭役；将二税户放为良民；禁止出卖奴隶，对沦为奴隶的良民采取除赎的方法，放宽对奴婢身份改变的限制；取消金银矿税，让人民自行开采等等。他还将流亡的人招回复业，废除了海陵王时期的很多弊政。经过金世宗一段时间的治理整顿，金朝君臣守职，上下相安，家给人足，粮仓里贮满粮食，吃都吃不完。刑部每年定作死罪的犯人，一年一般不到20个，犯罪减少了，社会治安比较稳定。金朝的政治局面一片大好，经济、文化都发展繁荣起来。

但是，金世宗在实行汉人制度的同时，又大力推行民族压迫，为了维护女真族的利益，一再拘括汉人的土地，分配给女真族人，还极力维护女真的一些旧俗，使得民族矛盾一度激化。但总而言之，金世宗统治时期，是金朝社会经济最稳定繁荣的时期。

铁木真被举为可汗

金统治时期，蒙古各部一直互相杀伐，势力分散。铁木真的父亲也速该曾经一度将蒙古各部联合起来，共同对付金朝。也速该死后，蒙古部落联盟迅速瓦解。泰赤乌部贵族抛弃了也速该的寡妻弱子，还掠夺了他的部队。连一些乞颜部的贵族也纷纷离开铁木真，前去投靠泰赤乌部。铁木真一家迅速陷入困境，靠采集山果，打土拔鼠和钓鱼来维持生活。

铁木真逐渐长大成人，他善于弯弓射猎，剽悍勇猛。泰赤乌部为了防止乞颜部重新兴起，派兵来袭，将铁木真掳走。铁木真得人帮助，才逃出罗网。不久，

金代捧壹侍俑

铁木真完婚。他将新娘带来的珍贵礼物送给他父亲生前的结盟兄弟克烈部首领王罕，并遵王罕为父。从此，铁木真找到了一个强大的靠山。后来篾儿乞人派兵前来袭击，将铁木真的妻子孛儿台和家人掳走。铁木真依靠王罕和札木合的兵力，打败了篾儿乞人，救回家人。从此以后，铁木真的势力不断壮大。他逐渐摆脱了对札木合的依附，率领部队建立了自己的营盘。很多蒙古贵族

看到铁木真强大起来，纷纷向他靠拢。

1189 年，乞颜部贵族推举铁木真做可汗，表示愿意服从他的领导。铁木真被推举为可汗后，立即着手建立"怯薛"（宿卫）制度，派自己的亲信担当重要职务。通过建立怯薛制度，铁木真建立了一支精悍、可靠的核心武装，这支武装的建立对于铁木真的进一步发展意义重大。铁木真就任可汗之后，随即派人向克烈部王罕报告，得到王罕的允准。在此后的几年里，他继续保持跟王罕的联盟关系，同时慢慢征服吞并蒙古各部，不断壮大力量，为实现蒙古部落的统一打下根基。

金修道经

金明昌元年（1190）正月，中都十方大天长观提点观事孙明道奉诏参订道教典籍。孙明道于是派道士到各地寻访道经。接着，他依照藏于观内但已经有些残缺的宋《政和道藏》为底本，加以增补诠次，花费两年的功夫，编订成《大金玄都宝藏》一书，共 6455 卷。

纳西族东巴文经典《祭畜神和五谷神经》

《大金玄都宝藏》的书名，是取道教上仙居住在玄都玉京山上之意。这本道经印成之后，曾分别送给各地道教宫观。但是经过金末战乱，只有管州（今山西静乐）还有一本幸存下来。元初时候，道士宋德方等人根据这本幸存的《大金玄都宝藏》修刊出元《道藏》。那《大金玄都宝藏》经板也早在泰和二年（1202）毁于火灾。金朝下旨修订道经，道教势力的兴盛，可见一斑。

金人制定礼仪

金人占领北宋京城开封之后，多次将北宋宫廷收藏的图书、仪物、礼器等载往北方，然而并不能深入研究宋朝的礼乐制度。

金世宗时期，朝廷专门设置了"详定所"和"详校所"，"详定所"研究礼制，"详校所"专研乐制。到了明昌初年，这两处将研究成果汇编成书，一共有四百多卷，定名为《金纂修杂录》。因为《金纂修杂录》是一本专论礼乐制度的书，朝廷将它发给有关官员，尚书左右司、春官、兵曹、太常寺每处一本。金朝还沿照汉人的礼乐制度，根据自己的实际需要以及国情，自己制定了一整套比较完备的礼仪条令。因此，普遍认为，在明昌初年，即1190年到1196年间，金朝的礼乐制度已经初具规模。

东巴象形文字创制

大约12世纪下半叶到13世纪上半叶期间，纳西族人创制了东巴象形文字。字是东巴教（纳西族的原始宗族）经师使用的文字。

东巴象形文字由1300余字组成，组字方式有独体象形、独体会意、复体会意和同音假借等，但是结构松散，图像不稳定，向左向右皆可，朝上朝下不拘，所以即使熟悉纳西语，认识单个的东巴字，如果不是自幼学习经文的东巴经师，仍然无法诵读东巴经文。正是这种文字所具有的浓厚的原始文字特征，学者们已把东巴象形文字作为人类文字发展史上的典型范例，并把它与古埃及的圣书字、巴比伦的楔形文字以及甲骨文、金文做比较，进行深入的研究。

西夏颁行夏汉文对译辞书

西夏乾祐二十一年（1191），党项族人骨勒茂编纂了一本《番汉合时掌中珠》，这是一本西夏文和汉人双解通俗语汇辞书。

这本书的序言写道：这本书用来帮助西夏人学汉语，汉人学西夏语，从而增进两国的情谊。表明了它的编纂目的。这本书中每一个词话都并列四项，中间两项是夏文和汉文译文，右侧是用汉字给夏文注音，左侧是用夏文给汉字注音。词语的编排以事门分成九类，包括：天体上（天空），天相中（日月星辰），天变下（自然变化）；地体上（大地），地相中（山川河海），地用下（矿产、动植物）；人体上（君子、小人），人相中（人体各部分），人事下（人事活动及有关事物）。这本书内容丰富，检索方便，是研究西夏语言、文字、社会历史的重要文献，对解读西夏语起了重要作用。

金改革文字使用

金在灭辽之后，在国内并行契丹字、女真文字和汉字。契丹文字有大字和小字之分，大字创制于辽神册五年（920），其后又创小字，这两种文字在辽代是与汉字并行的。到金，契丹字与女真字、汉字并行。金章宗即位以后，多次搜集汉文书籍。明昌二年（1191）四月，金章宗下令推行汉字，命令从此女真字直译为汉字，国史院将专写契丹字者罢去。

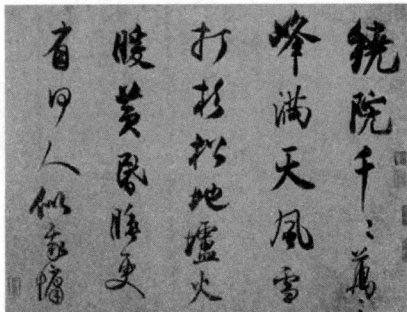
王庭筠《李山画风雪杉松图卷跋》书法作品

十一月，金下令禁译女真姓氏为汉字。十二月，金朝正式下令罢废契丹文字。

从此，契丹文字在金朝境内遂逐渐停止使用。明昌五年（1194）三月，金置弘文院，负责校译经史事，把汉文译成女真文。金废契丹文字，把汉字使用频率提高。到金承安二年（1197）金朝又下令开始使用女真字。金文字使用改革后，逐渐走向将汉字与本民族文字结合使用的道路，和中原地区文化交流加强，对金的社会政治和文化都产生了一定的影响，也将金的影响波涉到中原，为民族进一步融合做出不可磨灭的贡献。

金收集汉文书籍

金章宗即位以后，多次搜集汉文书籍，使金王朝所藏汉文书籍逐渐完备。

明昌二年（1191）四月，学士院新采进唐朝杜甫、韩愈、刘禹锡、杜牧、贾岛、王建，宋朝王禹偁、欧阳修、王安石、苏轼、张末、秦观等人文集共26部。

明昌五年（1194）二月，金章宗又下令购买北宋仁宗时所编辑的《崇文总目》内所缺书籍；泰和元年（1201）十月，为了完备汉文书籍的收藏，金又下令不惜以高价收购遗书。

金规定，藏书之家如果有不愿送给官家的，官家派人誊写，写完之后归还其书，并且还要给予他一半价钱。

这样，金朝大量收集整理了汉文书籍，保留了相当多的资料。一方面完备了汉文书籍的收藏工作，另一方面也加强了对汉民族语言文字的学习，在一定意义上，大大推行了汉字使用程度。

王庭筠书法独步金代

王庭筠，字子端，号黄华老人，熊岳（今辽宁熊岳）人，米芾的外甥，金大定十六年（1176）进士。明昌三年（1192）召为翰林学士文字。与秘书郎张汝方品第法书名画，不久迁升翰林修撰。在文学、诗画方面都有突出成就。绘画师承任洵，书法受米芾父子的影响颇深，在金代书法家中称得起杰出代表。

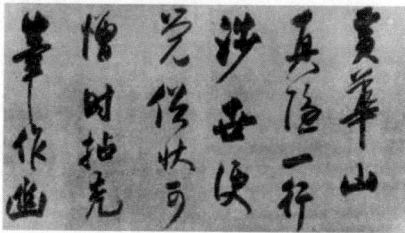

王庭筠《幽竹枯槎图卷题辞》书法作品

王庭筠善画古木竹石，七言长诗以造语奇怪著称，很有个性。《黄华麻》是其诗作汇集，深厚的文学功底和绘画功底，使他的书法艺术成就不俗。

王庭筠书法师承米元章、王羲之，从他的《重修蜀先主庙碑》可以看得出，他在晋、唐碑版上的功力很深，兼得王、米的妙处。他的书法沉顿雄快，极有风致，与当时的赵沨、赵秉文均位列名家。

王庭筠传世墨迹极少，多数遗失，代表作有《幽竹枯槎图卷题辞》、《李山画风聚杉松图跋》、石刻字迹《重修蜀先主庙碑》、《博州重修庙学记》。

《重修蜀先主庙碑》以行楷写碑，直承宋人余渚。明人胡翰说他"书法气韵似米南宫，妙处不减晋人"，有的甚至说他"高淡如张从申，劲媚如柳诚悬，于宋四家外别树一帜"。

在当时文化并不十分发达的金国，王庭筠能得到如此的赞誉，实属不易，在金国书坛上独领风骚，也无可厚非。

赵秉文上书获罪

金明昌六年（1195）十二月，翰林文字、同知制诰赵秉文上书，却因此获罪。赵秉文（1159~1232），是金代著名学者，磁州滏阳（今河北磁县）人，著述十分宏富。他在1195年12月，上书谈论宰相胥持国当被罢免而宗室守贞可大用而获罪被捕。胥持国是经童出身，1195年4月由参知政事升迁为尚书右丞，他和监婢出身的章宗李妃为表里，把持朝政，当时人说："经童作相，监婢为妃。"那些好利之人，争趋其门。当时赵秉文供出曾与修撰王庭筠、御史周昂等人私下议论这件事，因此，王庭筠等人被打入狱中。

赵秉文本人被章宗特免，但也因此长期没有被再次起用。当时人以其攀人而不耻。胥持国则于承安三年（1198）八月，被御史台劾奏而被罢黜。胥持国罢任后，门人都被调离京城补外。

刘完素开创河间派

金王朝建立以后，十分重视吸收契丹和汉族的医学知识和医事制度，加以改革和扶植，通过分科选拔，提高医官的品阶和俸禄等方式促进医学理论和实践的发展，开始出现了一些重要的、对后世影响深远的学术流派，其中之一就是刘完素所开创的河间学派。

刘完素（1120~1200），字守真，号通玄处士，25岁开始研究《素问》，直至花甲仍然勤恳钻研，从不间断，对疾病发生的机理的研究相当深入，三次拒绝金章宗完颜璟的聘任，终生行医民间，颇受民众欢迎。其著述很多，代表其医学成就的著作是：《素问玄机原病式》1卷，结合六气学说，对《素问·至真要大论》中论述发病机理的经文即"病机十九条"加以阐发，认为自然气候的变化对人体生理活动和病理变化具有直接影响，但并不机械套用

某年生某气，发某病的固定模式，而是用运气理论说明疾病发生和演变的规律，以当时盛行的"五运六气"学说对疾病加以归类，把"病机十九条"中涉及的五脏诸病归纳为"五运主病"。

此外，更增补了"诸涩枯涸，干劲皴揭，皆属干燥一条"，将风、火、暑、湿、燥、寒诸病归结为"六气为病"，这一理论对理解疾病发生的机理有一定帮助。这种五运六气的生克制化规律，解释了某些与疾病本质不符的临床表现即"假象"出

刘完素像

现的机理，发展了诊断学和治疗学。针对宋金战乱以后，传染病流行严重危及人民健康，而多数医家不求医理，拘泥古法，重用温燥药物造成的许多流弊，刘完素提出了尖锐的批评。根据《素问》"病机十九条"中火热病居多而临床上火热病多见的情况，突出强调火热为病的广泛性，在书中列举了91种火热病症，大大扩充了"病机十九条"的火热病内容，提出了以"火热论"为中心内容的学术思想和理论体系。认为火热病广泛多见的原因是由于火热之邪的致病因素造成的。指出风、火、暑、湿、燥、寒"六气"之中，火热占两"气"，风、湿、燥、寒都能化生火热，而火热又往往成为产生风、燥的原因。进而有"六气皆能化火说"的论断，和"五志过极皆为热"的观点，即怒、喜、悲、思、恐六种情志过度，相应的脏器就会受到损伤，而这种损伤都是热。这是对内伤火热病机的一大创见。

在这一思想的指导下，刘完素主张用辛凉或甘寒解表法治疗怫热郁结的表证，以清热通利法治疗表证已解的里证，表证兼内热者，则用表里双解法，由此创造了"防风通圣散"、"双解散"等著名方剂，效果显著。"火热论"的创立纠正了传统理论的一些错误，为后世温病学派的产生和发展奠定了基础。

由于刘完素善用寒凉药治疗火热病证，固而被后世称为"寒凉派"。对后世影响深远，加之他对杂病的治疗不拘泥于寒凉，而主张辨证施治、因病制宜，即"病气热则除其热，寒则退其寒"。可见其倡导的"火热论"只是针对火热病的多发性和常见性而针砭时弊，创立的新的理论体系，这种师古

却不泥古的辨证论治的思想，同他开创的河间学派的学术流派一样为后世医家所效法和学习。

刘完素的著作还有《素问病机气宜保命集》3卷，《宣明论方》15卷，《伤寒标志心法类萃》、《三消论》、《保婴秘要》等。

金人墓葬精美

女真族完颜氏统治的金代，厚葬之风很重，许多显贵和地主的墓室，好以雕砖为饰，墓葬非常精美。

在女真族政权统治区——今晋南地区，发掘出许多幕室雕饰豪华繁复的金人墓，其作法承袭北宋中晚期中原地区的仿木结构墓室，设备更接近于地上人间的阳宅，表明墓主人追求死后享受如同生前。墓室砖雕流行，大大促进了砖雕艺术的发展。在所发掘出的金人砖雕墓中，有几处雕刻艺术最精湛，内容最丰富，并且标有明确的营造年代。

金章宗承安三年（1198）建造的山西孝义下吐京村金墓，是一座仿木结构建筑的单室墓，平面作八角形。其墓室砖雕的作者乃汾州匠人史贵。全墓有七壁雕饰，雕制的内容多属墓主人生前与妻子、儿女在一起的日常生活图景，情节生活气息浓厚，生动自然，众多人物同置于墓室内的富丽建筑中，有机地融为一体。作者采取圆雕法刻画人物，使之突出于墓壁，立体感很强，使整个场景有了远近的层次，原来用模制或捏塑出来的单个墓葬陶俑，至

金墓中的墓主人宴饮砖雕

金墓中的墓主人坐像

此已发展到与墓室建筑环境相结合的砖雕群俑，这是俑的艺术发展上的一大革新。

比孝义金墓更为富丽多彩的有金大安二年（1210）营造的侯马董玘坚、董明兄弟两座仿木结构的雕砖墓，其墓室上下及四壁，包括墓门内侧、堂屋四周、屏风隔扇、藻井斗拱，无一处没有精美雕刻。墓内陈设俨然大家豪门气派，极是富贵堂皇。主要的人物砖雕，有北壁堂屋内一持念珠、一执经卷的墓主夫妇坐像，站于屋角屏风旁听候使唤的侍童和侍女。此外还有北壁上方斗拱间戏台上正在作场的杂剧演员五身，据说是生、旦、净、末、丑，为全身妆彩的圆雕，一改北宋墓葬中砖面平面线刻的同类人物雕饰，具有较高的艺术水平。

金墓中的墓主人坐像泥塑

晋南稷山地区金墓群，墓室设计非常精巧，建筑结构也极复杂别致，宛如地上宫殿般豪华富丽，是金仿木结构建筑砖室墓最具有雕饰艺术水平的。

砖雕的内容多属地主富豪的享乐生活，如墓主夫妇坐像；夫妇观剧，两侧恭立等候使唤的童仆；或夫妇对坐，边宴饮边观剧，舞台设置在对面，上有杂剧角色四五个；此外还有少女启门内窥、庭前儿童嬉戏和孝悌故事等，人物配置繁复而合理，和建筑结合密切得体，是建筑与雕刻结合合理而具匠心的典范性作品。

这批砖雕墓，具有建筑、戏剧等多方面的可视性史料价值，并为中国雕塑艺术史提示了宋金时代墓室雕饰方面总结性的杰作。

金代墓葬砖雕俑和仿木结构墓室建筑取得了有机的结合，使墓室气氛大大改善，更有阳世住宅的气息；砖雕俑不再像过去时代的陶俑、木俑那样各自孤立地放置墓室一角，而是依赖仿木结构建筑的衬托和周围环境融成一体，显得生机勃勃。从金人精美的墓葬中，可知墓室装饰艺术在本时代末已达到了历史的高峰。

塞北三朝的文明

铁木真统一各部建立蒙古国

嘉泰四年（1204），蒙古大汗铁木真削平群雄，征服了蒙古草原上的各游牧部落，结束了各部落长期割据混战的局面，建立了统一的大蒙古国。

蒙古各部一直居住在斡难河（今鄂嫩河）中上游和不儿罕山（今肯特山）地区。在蒙古部的周围，分布着塔塔儿（即鞑靼）、克烈、乃蛮、斡亦剌等强部。因为塔塔儿是其中最强大的一个部落，所以塔塔儿的名称一直作为这些部落的共同名称。直到铁木真统一各部，建立政权之后，这些部落才逐渐融合成一个共同体，采用"蒙古"作为民族的名称。

元代的雷公形象

铁木真统一蒙古各部的斗争长达数十年。铁木真是乞颜氏人，起初没有什么兵力。他依靠父亲生前的结拜兄弟王罕的支持，势力迅速壮大起来。蒙古札只剌氏贵族札木合和泰赤乌氏贵族塔儿忽台等在"十三翼之战"中将铁木真击败，但不久铁木真又恢复过来。庆元二年（1196），铁木真跟克烈部联合协助金军击败了蒙古草原上势力最强的塔塔儿部。铁木真被金朝封为"札兀惕忽里"，克烈部的部主脱里被封为"王"，其后被称为"王罕"。铁木真在金的庇护下，利用王罕的势力，在庆元六年、嘉泰元年先后击败了札木合、塔儿忽台的军队，他还联合王罕击败了乃蛮不欲鲁汗的进攻。

铁木真与克烈部王罕的关系一直是相互利用。一方面，铁木真力量弱小，需要王罕的庇护，逐渐发展；另一方面，王罕也把铁木真视为附庸，从他那里取得各种贡献。随着铁木真力量的壮大，他和王罕的矛盾终于激化。在击败乃蛮部的进攻之后，铁木真为他的长子术赤向王罕之子亦剌合桑昆的女儿求婚，遭到粗暴的拒绝。铁木真认为这是对他的侮辱，心中愤恨。王罕也担

心铁木真会形成对自己的威胁，早就计划消灭铁木真。王罕密谋约许婚约，请铁木真赴宴，乘机杀害。消息泄漏，铁木真不去赴宴，结果两军在兰真沙陀大战。铁木真势小力弱，遭受惨败，只率领19骑人马脱身。铁木真与这19人同饮班朱尼河水，铁木真举手仰天誓与各位同甘苦，士气大振，部众纷纷归来。铁木真趁王罕部内发生内讧，组织力量偷袭，包围了王罕的营地，经过三昼夜激战，击溃了克烈部的主力。王罕仓忙出逃，被乃蛮人杀死。克烈部众全部沦为蒙古俘虏。

1204年，铁木真在纳忽昆山击败溃乃蛮部首领太阳罕率领的各部联军，并且乘胜追击到按台山，征服了太阳罕所属的乃蛮部众。篾儿乞部也在这年冬天战败投降。在以后的几年中，斡亦剌等部相继臣服，漠北各部都成了新建立的大蒙古国的臣属。

金开凿闸河

金泰和五年（1205），金朝按照韩玉的建议，在金中都东北郊开凿闸河成功。

金章宗完颜璟到霸州（今河北霸县）视察，看到漕河年久失修，水位很浅，中都的粮饷运输因此受到影响。于是，他下令征发山东、河北、河东、中都、北京的军夫6000人，由尚书省负责，改凿新的河道。尚书省采纳韩玉的建议，在金中都的东北郊开凿了一条闸河，把西面高梁河、金口河的水引向东面，在通州汇入潞水，再向南跟旧河连接。这样，河北、山东的漕船就能直到中都。

金朝凿成的这条闸河总共设立5个闸，逐级升高水位，用来克服通州到金中都之间20多公尺的高差。闸河的凿成，为元代兴建大都通惠河漕运工程奠定了基础。

蒙古与金绝交

大安元年（1209），金帝完颜永济派遣使者到蒙古传送诏书，使者要成吉思汗跪拜受诏。成吉思汗得知是完颜永济做了金朝国主，于是轻蔑地向南面唾了一口，接着说道："这样的懦夫，也配做皇帝？拜他做什么！"带着人马扬长而去。

　　原来成吉思汗在章宗当政的时候曾到静州向金进贡，见到卫王完颜永济平庸懦弱，很看不起他，也没有向他行礼。完颜永济对此怀恨在心，几次打算带兵攻打蒙古。当金朝使者回朝奏说成吉思汗对金帝如此轻蔑时，完颜永济更是七窍生烟，命令边将加筑乌沙堡，为进伐蒙古作好准备；同时还谋划等成吉思汗再次入朝纳贡的时候，将他杀害。成吉思汗得到这些消息后，勃然大怒，马上与金朝绝交，并且布下精兵，随时准备迎战金军。

蒙古出兵伐金

　　蒙古成吉思汗六年，金大安三年（1211）蒙古出兵攻伐金国。

　　是年二月，金将定薛率兵守野狐岭（今河北张北以南）。蒙古主派察罕去观察虚实。察罕回报金兵人马不多，不足以惧。于是，蒙古出兵攻打，取得胜利，占领了大水泺、丰利等县。

　　金主闻讯，于四月派西北路招讨使粘合合打到蒙古请求议和，被成吉思汗拒绝。此后，金开始抵御。七月，金人修筑乌沙堡未毕，哲别所率蒙古前锋军突然袭击，败金军三十余万，遂攻占乌沙堡和乌月营。同月，西夏神宗即位。此时，夏金关系已经破裂。所以神宗不再向金朝求册封，反由前朝的附金抗蒙转为附蒙攻金。八月，金帝命完颜承裕主持军事。金军号称四十万，据有野狐岭天险。蒙古兵至，承裕不敢迎战，南退至浍河堡。蒙古兵追到，两军鏖战三天，成吉思汗以精骑三千人突入金兵阵中，派大军猛击，使金军四十万主力全线崩溃。完颜承裕弃军逃入宣德（今河北宣化）。

　　九月，成吉思汗挥军进逼居庸关。金守将完颜福寿弃关南逃。蒙军将领哲别所率前锋随即入关，金的首都中都（今北京）为之震动，并实施戒严，准备死守。待蒙古兵临城下，守将完颜天骥派兵突

金代孝行故事砖雕

袭，毙敌三千人。与此同时，蒙古西路兵力在成吉思汗三个儿子率领下经汪古领地进攻金朝，占领净州（今内蒙四子王旗西北），过阳山，下丰州（今内蒙五原西南）。十月，西路军攻陷云内（今内蒙呼和浩特西南），东胜（今内蒙托县）等地，威逼西京（今大同）。西京留守讫石烈执中弃城逃归中都。十二月，蒙军攻打金中都南顺门，完颜天骥用计诱敌入城，设伏火攻。令蒙军损失惨重，被迫退兵。后攻内城又失利，只好解围撤军。北撤后，又攻辽东，破金东京（今辽宁辽阳），大掠而去，至此，蒙古伐金告一段落。

杨安儿率兵反金

金大安三年（1211）11 月，山东杨安儿举兵反金，后兵败遇难。

杨安儿是益都（今山东）人。章宗泰和年间，金、宋开战，杨安儿趁乱聚众起义，攻占了一些地方，随即又投降金朝，官至防御使、副都统等职。大安三年（1211），蒙古军围攻中都，金廷命杨安儿领兵戍边，但他中途折回益都，再次举兵起义，反对金朝。这支义军全穿红袄，称红袄军。他们杀掠官吏，开仓济贫，人数多达几十万。宣宗贞祐二年（1214），起义军在益都城东被金宣招使仆散安贞打败，转而进攻莱阳（今山东莱阳），金守将徐汝贤举城投降。杨安儿向登州进军，刺史耿格开城迎接义军。杨安儿于是称王，封官分地，立年号为天顺。并攻下宁海（今山东牟平），进兵潍州（今山东潍坊），与李金等义军相呼应。七月，仆散安贞与沂州防御使仆散留家、安化军节度使完颜讹论等合兵围剿，义军遭受惨重损失。徐汝贤被杀，耿格、史泼立降金。十二月，杨安儿与部下汲政等乘舟入海，被舟人陷害遇难。号称四娘子的杨安儿妹妹杨妙真与刘福等收集残部几万人，与李全军联合作战，继续反抗。

契丹耶律留哥反金自立

崇庆元年（1212）正月，契丹人耶律留哥聚众于隆安（今吉林农安）举兵反金，自为都元帅。并派遣使者与蒙古联络，争取蒙军的援助。留哥原来是金北边千户。蒙古兴起，金人怀疑契丹人另有异心，便规定每二户女真人夹居一户契丹人，以防他们叛乱，从而招来契丹人的怨恨。留哥趁金朝调兵遣将，拱卫首都的空子，逃至隆安、韩州，集众反金，数月间募兵十余万，威震辽东。金遣完颜承裕率军六十万征讨，留哥会合蒙古援军大败金兵于迪吉脑儿。崇庆二年（1213）春，留哥自立称王，定国号为辽，建元天统。贞祐二年（1214）金宣宗派人前往劝降未遂，便又遣辽东宣抚使蒲鲜万奴统兵四十万讨伐，被留歌打败，万奴逃回东京。后金安东同知阿林求附留哥，辽东州县大半为留哥所有。他定都于咸平（今辽宁开原），号为中京。贞祐三年（1215），留歌攻破东京，率其子赴桓州向蒙古纳款。成吉思汗封留歌为辽王，遣使者往辽东取三千人为人质。其部下耶厮布却诈言留哥已死，杀蒙古使者，自立为帝，建国号辽，年号天威。贞祐四年（1216），耶厮布为部下所杀，大家推丞相乞奴执政。金盖州守将众家奴来攻，打败了乞奴。耶律留哥赶到，乞奴逃往高丽，其后被留哥领兵入高丽剿灭。

金南下侵宋

　　嘉定十年（1217）四月，金军南下侵宋。
　　"嘉定和议"之后，金朝很快遭到蒙古军的不断攻击，被迫迁都到开封。疆土不断缩小，尚书右丞术虎高琪便劝说宣宗南下攻宋，以扩展版图。但胥鼎等朝臣竭力反对，主张联宋抗蒙。金廷内部围绕着攻宋扩土与联宋抗蒙问题，开展激烈论争。贞祐四年（1216）冬，王世安献策取宋盱眙（今江苏）、楚州（今江苏淮安），被宣宗采纳。延续十多年的宋金战争，从此拉开了序幕。

金代骑马武士砖雕

　　嘉定十年四月，金以宋拒纳岁币为由，命元帅左都监乌古沦庆寿，签枢密院事完颜赛不领兵渡淮南侵。攻破宋光州（今河南潢州）中渡镇，杀榷场官盛允升。庆寿分兵攻樊城（今湖北襄樊），围枣阳（今湖北），光化军（今

湖北光化北）。又命平章政事胥鼎自陕西发兵四川。宋令京湖、江淮四川制置使赵方、李珏、董居谊部署抗敌。赵方亲临襄阳指挥，调兵遣将，督率扈再兴、陈祥、孟宗政等御敌，分三阵设伏金军，使之大败而退。孟宗政又率军驰援枣阳，击败金军。随即，京湖将王章、刘世兴也击败金兵于光山、随州。六月，宋下诏伐金，并传檄诏谕中原官吏军民。自此，金、宋连年交兵。

嘉定十二年（1219）春，金左副元帅仆散安贞统兵攻宋。宋江淮制置使李珏命池州都统武师道及忠义军都统制陈孝忠率军援救，为金军所阻。金军进入淮南，宋廷为之震动。后宋淮东提刑知楚州贾涉节制忠义军，命红袄军李全、李福配合作战，在于化湖陂杀金将数人，李全乘胜追击，大败金兵于曹家庄。此后，金兵不敢兵进入淮东。

耶律楚材归附成吉思汗

太祖十三年（1218），久仰金国名臣耶律楚材的成吉思汗，将已沦为阶下囚的楚材召至漠北，优礼有加，使本来无意叛金的楚材深受感动，从此诚心地归附了自己。

耶律楚材字晋卿，号湛然居士，契丹人。辽太祖耶律阿保机九世孙。父履，在金朝做官，曾当尚书右丞。楚材三岁时，父亲去世，由母亲杨氏抚养成人。他自幼聪明好学，知识非常渊博，凡天文、地理、律历、术数及释老、医卜诸说，无不通晓。金章宗时以宰相子补省掾，后任开州同知。贞祐二年（1214），金宣宗南迁汴京（今

耶律楚材对蒙古统治者重视中原传统制度与传统文化影响很大。

开封），耶律楚材仍留燕京（今北京），任尚书省左右司员外郎。次年，燕京被蒙古军攻陷，楚材被俘。他归附成吉思汗后，随后者南征北伐，深得信任。太宗三年（1231）被任命为必阇赤，主管汉地民事。他自小深受儒家文化薰陶，在政治、经济、文化、军事诸方面给太宗出了许多好主意，帮助蒙古贵族从游牧经营方式过渡到中原汉地传统的农业统治制度，从而发挥了自己的重要

105

作用。但太宗死后，皇后乃马真执政，宠信别人而疏远了他。1244年抑郁而死。

蒙撰进《庚午元历》

蒙古太祖十五年（1220）十一月，耶律楚材撰进《庚午元历》，订正了旧历法的误差，并创立类似时区的"里差"，首次提出地理经度概念。

耶律楚材知识渊博，通晓天文、地理、律历、术数、医卜等。在追随成吉思汗西征途中，他来到撒麻耳干城（今乌兹别克撒马尔罕），发现这里的月食时刻和食分，与金重修《大明历》所推算的不同。究其原因，乃在于《大明历》颁行已久，所积累的误差日益增大；此外，观测地点相去太远，看到的天象也有所区别。《大明历》适用于中原地区，却未必适用于距中原万里之遥的西域。耶律楚材的《庚午元历》及首创的地理经度概念，便是根据上述情况撰定和提出来的。

成吉思汗率军西征

蒙古太祖十四年（1219）六月，成吉思汗率二十万军队西征中亚古国花剌子模。

1218年，蒙古与花剌子模国发生纠纷，起因是该国国王摩诃末下令杀死了前来从事贸易活动的蒙古商队450人，没

成吉思汗陵中的成吉思汗征战马鞍

收了他们的所有财物，又杀害或污辱了成吉思汗派去斥问的使臣。此事惹怒了成吉思汗。他决定兴师问罪。

蒙军兵分四路，攻打花剌子模各军事重镇。参与征战的，有成吉思汗的四子术赤、察合台、窝阔台、拖雷及其他大将。太祖十四年秋进围边城讹答剌（前苏联哈萨克锡尔河右岸阿雷斯河口附近）。成吉思汗安排察合台、窝

阔台攻打该城，又给术赤等部署了任务，自己则和拖雷统率主力向不花刺（今乌兹别克布哈拉）进军，次年将其攻下并夷为平地，再克河中首府撒麻耳干（今乌兹别克撒马尔罕）。接着，命令已攻下讹答刺等地的察合台、窝阔台与术赤合攻花刺子模都城玉龙杰赤（今土库曼共和国库尼亚乌尔根奇）。国王摩诃末逃往你沙不儿（今伊朗霍腊散省内沙布尔）。蒙古军穷追不舍，把他逼到宽田吉思海（今思海）的一个小岛上，不久病死。他的儿子札兰丁奉遗嘱继位，但都城诸守将不服他，将他逼走。太祖十六年（1221），蒙古军连克诸城，都城主龙杰赤亦于是年秋失陷。蒙古军放水灌城，使之顿成泽国。札兰丁虽聚军奋力抗击，但终无法挽回败局。十一月，成吉思汗在申河（今印度河）大败札兰丁，几乎使他全军覆没。他逃入印度，再无力还手。翌年，成吉思汗任命花刺子模人牙老瓦赤及其子麻速忽治理西域诸城，并置达鲁花赤加以监控。成吉思汗平定西域后率众凯旋，于太祖二十年（1225）东归蒙古草原。

蒲鲜万奴割据辽东

金贞祐四年（1216）十月，蒲鲜万奴叛金自立为王，定都开元（今吉林农安），国号东夏。

蒲鲜万奴是女真人，初为金朝尚厩局使，宣宗时累迁至咸平招讨使。贞祐二年（1214）曾统率大军40万征讨耶律留哥，却吃了败仗，只好退守东京（今辽宁辽阳）。次年春，东京又为留哥攻破，万奴便被撤了职。此时金廷忙于南迁，没有时间顾及辽东，万奴遂趁机宣布叛金，自称天王，改元天泰，国号大真。他发兵驱逐耶律留哥，攻占咸平（今辽宁开原）、东京、沈州（今沈阳）、澄州（今海城）等地。不久，因兵败势窘而投降了蒙古。此后努力不断扩展，攻占了上京、曷懒路及其以北地区。于是宣布建立东夏国，以开元为国都。自觉站稳脚跟后，便于次年（元太祖十二年，即1217年）反叛蒙古，杀了蒙方委派来监控自己的官员。

因蒙古正忙着经略中原和西征，东顾无暇，遂使万奴割据辽东十余年。

太宗元年（1229），蒙古军派兵征讨辽东。先消灭了金辽东行省葛不奇，进而于太宗三年入侵高丽并逼降其国王，最后对付万奴。太宗五年九月，东夏国都被破，万奴成了阶下囚。整个辽东纳入蒙古版图。

金朝分封九公抗蒙

兴定四年（1220）二月，金朝为了动员各地方武装力量联合抗击蒙古军而正式分封九公。九公名单如下：

沧海公，沧州（含属河北）经略使王福；河间公，河间（今河北）招抚使移剌众家奴；恒山公，真定（今河北正定）经略使武仙；高阳公，中都（今北京）东路经略使张甫；易水公，中都西路经略使靖安民；晋阳公，辽州（今山西左权）刺史、行元帅府事郭文振；上党公，昭义（今山西长治）节度使完颜开；平阳公，平阳（今山西临汾）招抚使胡天作；东莒公，山东安抚副使燕宁。

九公统领本路兵马，有权在辖境委任官吏，征收赋税。金末，九公在蒙军的凌厉攻势面前，或投降，或战死了。

金迁都南京

贞祐二年（1214）五月十一日，金宣宗下诏迁都南京（今河南开封）。十七日开始行动，以三千匹骆驼载着珠宝、三万辆车运着文书先走。次日，宣宗启程南行。

迁都之前，金廷内部曾就此事进行过激烈的争论。主迁的意见最后占了上风。宣宗命平章政事，都元帅完颜承晖、尚书左丞抹捻尽忠与太子完颜守忠留守中都，自己则与六宫动身南下。行至良乡（今北京房山县良乡镇），因担心以契丹人为主的扈卫乣军谋反，便令他们缴还原给铠马，从而引起乣军的怨恨，于是把主帅素温杀掉，推举契丹人斫答、北涉儿、札剌儿代之为帅，并北上攻中都。蒙古主闻金都南迁，认为金国有二心，便派兵进逼中都。

金国进行币制改革

贞祐三年（1215）七月，金国开始推行大规模的币制改革，将因为大量发行而急剧贬值的交钞更名为"贞祐宝券"，印行20贯至100贯、200贯、1000贯大钞。

金朝初期，沿用辽、金旧币。贞祐二年（1154）才开始印制交钞。到了后期，财政入不敷出，国库空虚。章宗于是下令大量发行交钞，以愚弄百姓。结果是交钞贬值，难以流通。政府只好出面干预，命令两京、北京、临潢、辽东等地，凡交易在1贯以上者必须用银钞、宝货，大大限制了商贸的发展，使得物价飞涨、民怨沸腾。于是，引出了贞祐三年七月的"币制改革"。

这种"改革"的结果是：货币的信誉更一落千丈，以至无法交易。到了元光元年（1222），官定银价上涨40多万倍，而市价则超过1000万倍。交钞成了废纸，加速了金朝的灭亡。

鄜州金军被蒙全歼

蒙古太祖十七年（1222），蒙古悍特木华黎率兵攻下孟州四蹄寨，一路挥师直进，连连攻克晋阳、义和寨、三清岩，进逼平阳青龙堡。

金平阳公胡天作据守平阳，形势危急，金宣宗忙派救兵，但援军在路上被蒙古军阻击，无法前进。平阳不久陷落，胡天作被杀。十月，木华黎又攻破荣州，另派石天应围攻河中府。十二月，石天应占领了河中府。

次年正月，金侯小叔乘蒙古大军西去，河中府守

宋代绢本刺绣白鹰轴

109

备空虚之际，半夜登城，一举收复河中府，石天应战败而死。

蒙古军遭此惨败后，又发兵 10 万夺回河中府，侯小叔城破战死。

木华黎在派兵攻占河中府后，自己亲率大军一路向西行进，渡过黄河，攻克了同州、蒲城，直指京兆。

十二月，木华黎亲自指挥几十万大军围攻凤翔，蒙古军连营数百里。金廷忙派援军来救，跟凤翔守军合力奋战，死守城池。

木华黎围城 40 多天，久攻不下，只得解围而去，派兵劫掠了凤州，退兵返回，再次渡过黄河，到达闻喜。木华黎率领的蒙古大军持续进攻金朝两年，使金受到重创。

丘处机西行

元太祖十四年（1219），成吉思汗在西征途中，派遣侍臣刘仲禄带着虎头金牌，去登州（今山东掖县）邀请全真道人丘处机讲长生之道。丘处机于元太祖十六年（1211）春，率领 18 名弟子启程，先到达燕京（今北京），后又取道宣德漠北，一路西进，在太祖十六年十一月时抵达撒马耳干（今乌兹别克撒马尔罕）。太祖十七年四月，丘处机终于在大雪山（今兴都库什山）谒见了成吉思汗。

丘处机字通密，山东栖霞人，19 岁开始学道，拜全真教道人王喆为师。王喆给他起道号长春子，丘处机后来和王喆的其他弟子郝大通、王处一等人被合称为"七真"。王喆死后，丘处机先后在石番溪（今陕西宝鸡东南）和陇州（今陕西陇县）等地隐居，他结交士人，广收门徒。金世宗完颜亮曾召他到中都讲道。金末乱世，他隐居在家乡的栖霞山中，收徒传教，金宋两朝都派人前来征召他做官，均遭拒绝。

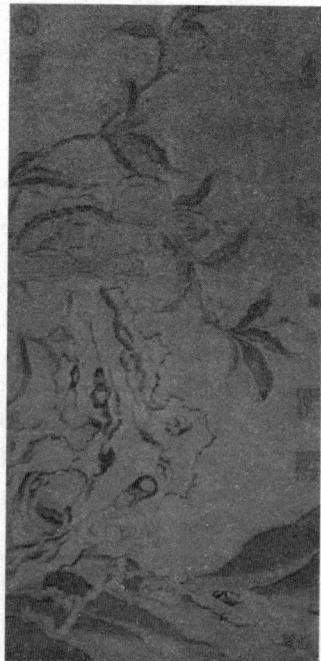

南宋缂丝蟠桃花卉图，寓祝长寿。

丘处机晋见成吉思汗后，成吉思汗问他有什么长生药，丘处机回答说，世上只有养生之道，而没有什么长生不死的灵丹妙药。成吉思汗对他的诚实大为赞赏，命令在自己的御帐东边给丘处机建帐居住，留他住了六个月。在后来的交谈中，丘处机除了向成吉思汗介绍各种养生之道外，还特别针对蒙古军队的屠杀掠夺，一再讲述他的政治观点，建议成吉思汗清心寡欲养生，敬天爱民治国，选举贤才，施行仁政，这样才能使国家长治久安。成吉思汗对丘处机的忠顺和建议大为欣赏，命令翻译把他的话记录下来，传给子孙后代，并且尊称丘处机"神仙"。丘处机返回时，成吉思汗任命他管理全国道士，并且对丘处机的门人说，如里他们每天给皇帝祝寿诵经，今后免除一切差役赋税。

丘处机雪山之行后，全真道开始转入贵盛，在北方中原势力超过了所有的宗教，显赫一时。丘处机本人东归后，在元太祖二十二年（1227）病死在燕京太极宫。

李纯甫援儒入佛

金代在两宋思想文化的深刻影响下，不仅使儒学在北方得到了更为广泛地传播，也呈现出了儒佛道相融合的趋势，当时的许多名儒都兼信佛道。在此背景下，主张援儒入佛成为儒佛道相融的一股新风，李纯甫就是其中代表。

李纯甫（1177~1223），字之纯，号屏山居士，弘州襄阳（今河北阳原）人，章宗承安时（1196~1200）经义进士，曾入翰林，官至尚书右司都事。早年本"儒家子"，"排佛"，专攻词赋经学。晚年转而喜佛，著有《楞严经外解》、《金刚经别解》、《鸣道集解》、《老子解》、《庄子解》、《中庸集解》等反映他援儒道入佛思想的作品。他在编自选文集时，还将论性理及关佛老二家的作品称"内稿"，其余称"外稿"，表明他对儒佛的偏好。

他主张佛为诸家之源，是至高无上的，"佛即圣人，圣人非佛"，两宋理学家虽深明性理，发扬古来圣人的学问，但都是窃取佛书而来。他在《鸣道集解》中这样推理：古圣人尧舜禹汤（商汤）文（周文王）武（周武王）之后，道术中断，因之老庄孔孟以及如来五位圣人便得到尊奉。其中老、庄、

浮屠的学说又能合于孔孟，唐人李翱、宋人王安石父子、苏轼兄弟就暗引老庄浮屠之说证明孔孟之道。可知儒道本相通，但佛是诸家之源，因此，儒道最终"则往往归之于佛"。

他的著作多将儒道之说与佛学相糅混杂，《金则经别解》即是"取儒道两家之书，会运、奘（唐僧玄奘）二师之论，牵引杂说，错综诸经"而成，《楞严经外解》也是牵引《易》、《论语》、《孟子》、《老子》、《庄子》诸书，与《楞严经》相合编成。

李纯甫曾运用他的理论对宋代许多大儒进行了猛烈的抨击，异常英勇，但言辞不免失之偏激和不切实际，受到当时诸儒的反攻，并被后人视为异端邪说，妨碍了其学说的传播和发展。

蒙古军六征西夏·西夏灭亡

太祖元年（1206）三月，成吉思汗于蒙古建国后第一次率军攻入西夏，掠走大量牲畜，从此拉开了灭除割据西北近两个世纪的西夏的序幕。

太祖二年（1207）秋，成吉思汗以西夏不纳贡称臣为理由出征西夏，攻至斡罗孩城（兀剌海城），遭到西夏军抵抗，不敢深入腹地，乃于次年春退回。

太祖四年（1209）秋，成吉思汗再征西夏。西夏太子承桢、大都督府令公高逸率军五万抗击而失败，高逸被俘处死。蒙古军进攻西夏首都中兴府（今宁夏银川）外要塞克夷门，与率五万西夏军拒敌的嵬名令公相持两个月。后蒙古设伏擒嵬名令公遂攻克夷门，进而引河水灌城，却因外堤决口而浸了自己，只好撤回议和。西夏承诺纳贡，送公主和亲，之后多次助蒙攻金。

西夏木缘塔，内装骨灰，外写梵文咒语。

太祖十三年（1218），成吉思汗复以西夏拒绝发兵随蒙军西征为借口，遣军攻入西夏，包围中兴府，逼使西夏国主神宗李遵顼逃命西凉（今甘肃武威），

并派使者请降，蒙军才退走。

太祖十九年（1224）秋，成吉思汗以西夏私与金朝议和而派木华黎之子孛鲁率大军入侵西夏，俘大将塔海。

太祖二十年（1225）年，成吉思汗从西域返蒙古，次年又以西夏曾纳任人亦刺合·桑昆和不遣质子而亲率大军侵西夏。自此攻城掠地，连战皆捷。二十二年（1227）正月，成吉思汗分兵围困中兴府，自己则率军进攻金朝。六月，西夏末帝李睍派人议降，请求宽限一月献城。七月，成吉思汗于清水（今甘肃清水）病逝。蒙军遵照他的临终嘱咐，秘不发丧，以防生变。三日后，李睍出降，西夏灭亡。

成吉思汗去世

成吉思汗西征归来后，亲自统率十万大军攻打西夏，兵围西夏都城中兴府，受降指日可待。蒙古太祖二十二年（1127）夏天，重病的成吉思汗，到甘肃清水县六盘山避暑，同时等待西夏王来降。七月十二日，成吉思汗病逝。他的灵柩被护送回蒙古草原安葬。

成吉思汗临终前，嘱咐部下封锁消息，秘不发丧，以免西夏因为他病故而发生变故。同时，他还向部下重臣传授灭金的谋略：金朝精兵集中在潼关，南面占据连山，北面是黄河，如果直接进攻，一定难以攻破。如果从宋朝借道进攻，宋金世代有仇，一定会允许。

成吉思汗像

蒙古军先进攻唐、邓地区，矛头直指大梁。大梁是金的要地，金廷必然从潼关派兵救援。然而几万兵马，赶上千里路前来救援，必然兵疲马弱。蒙古军一定能击败他们。等潼关金军损兵折将之后，再全面进攻。

成吉思汗还嘱咐，他死之后，蒙古军失去主帅，难免会军心动摇，士气低落，宋、金也会乘机发动猛攻。因此，他要部将把派去跟宋、金作战的各支蒙古军暂时全部召回，等到情况稳定下来，再出兵不迟。还布置，当战败的西夏王前来投降时，立即斩杀，以绝后患。宣布以有治国才能的第三子窝阔台作为自己的继承人。

成吉思汗将后事布置完后死去。

张从正创攻邪派

在学习《内经》、《伤寒论》并以之为家的基础上，张从正继承了河间学派创始人刘完素的学术特点，反对滥用温补，极力主张"病由邪生，攻邪已病"的观点，善用汗、吐、下三法逐病邪，开创了后世所称道的"攻邪派"这一重要的医学流派。

张从正（约1156~1228），字子和，号戴人，睢州考城（今河南睢县、兰考一带）人。生平好学敏求，知识渊博。曾在兴定年间（1217~1222）作过短时间的太医、辞归后行医民间。与弟子麻九畴、常仲明讨论医理。合著《儒门事亲》，其中前3卷的30篇是他亲自撰写的，集中反映了他的学术思想。

张从正认为，疾病是后天的邪气侵犯的结果，这种邪气有自外而人和由内而生的区别，但只能分为天、地、人三大因素，即天的六气：风、暴、火、湿、燥；地的六气：雾、露、雨、雹、冰、泥；人的六味：酸、苦、甘、辛、咸、淡。天邪致病，多发于人体的上部，地邪致病多发于下部，人邪致病，多发于中部，这一规律是基本合理的，因而治疗疾病应以祛除邪气为主要手段。而攻逐邪气的方法主要是汗、吐、下三法，在应用上，比《伤寒论》等书中的发汗、催吐、泻下要丰富得多。除了用辛温辛凉药物发汗外，灸、蒸、薰、渫、洗、熨、烙、针刺、砭射、导引、按摩，凡鲜表者都是汗法；除用药物催吐外，引涎漉涎、嚏气追泪，凡上行者都吐法，除泻下通便外，催生、下乳、磨积、逐水、破经、泄气，凡下行者都是下法。同时，张从正对汗、吐、下三法的适应证，具体方药及注意事项等，作了比较详细的论述。在临床应用上积累了丰富的经验，自称达到了"至精至熟，有碍无失"的程度。《儒门事亲》中记载的病例显示，此三法曾治愈了很多疑难病和顽固性病症，值得深入研究。

除了汗、吐、下三法外，张从正还善用刺血疗法治疗气血运行不畅产生的内邪或招致的外邪引起的多种气血壅滞病症。

在主张攻邪的同时，决不排斥补益正气的必要性。鉴于药物补法的偏性

和毒性容易形成"药邪"即毒副作用，他主张药攻食补，先攻后补，这种药石攻邪在先，食物扶正养后的治疗原则，很值得深入研究和发掘，以指导当今的养护医学的发展。

窝阔台即蒙古汗位

窝阔台汗元年（1229）八月，监理国政的拖雷召开忽里勒台大会，商议推举蒙古国大汗。

按照蒙古习俗，幼子有优先继承父业的权力，因此，宗王大臣都打算推举拖雷作可汗。耶律楚材等人说服各蒙古宗王，坚持按成吉思汗的遗诏行事，拥立成吉思汗的第三子窝阔台继承蒙古汗位。耶律楚材又制定礼仪，皇族大臣都列班对大汗跪拜，借以加强大汗的权威。

成吉思汗的妻子孛儿帖生有四个儿子：术赤、察合台、窝阔台、拖雷。窝阔台最宽宏大量，有治国之才。

成吉思汗敢于打破蒙古根深蒂固的"幼子守产"传统，在西征之前就宣布窝阔台为汗位继承人。对此，术赤和拖雷很有意见。成吉思汗临死前，把三个儿子（长子术赤已死）召到身边，要求其团结一致，服从窝阔台的统治。

成吉思汗去世后，根据习俗，拖雷继承了大汗的领地、财产和大部分军队，在诸王中势力最大。他以大那颜的身份、监理国政，处理帝国事务。

成吉思汗遗命窝阔台为汗位继承人，但根据传统，要成为蒙古大汗先要通过形式上的忽里勒台大会的推举，才可以登位治国。拖雷依照制度召开忽里勒台大会，会上虽然争执激烈，最终还是推举了窝阔台。

窝阔台继位后，重用耶律楚材等一批谋臣勇将，为巩固蒙古帝国进行了一系列改革，如制订税法，改革对中原汉地的剥削方式等等。在国家稳定发展的同时，又继续出兵征伐，拓展疆土。为元帝国的最终形成开辟和奠定了坚实的基础。

元好问为金代文学巨擘

元好问的文学成就是多方面的，其中以诗的成就为最高。他是金代最优秀的诗人，继承了建安以来我国古典诗歌的现实主义优良传统，在作品中深刻反映了金元之际的社会现实，使之具有"诗史"的价值。其诗今存 1300 多首，内容广泛。而奠定元好问在诗坛上的地位的，当属他作于金亡前后的"丧乱诗"。这些诗有的真实地记录了蒙古军队入侵铁蹄过处血雨腥风的战争场面，如《歧阳》写蒙古军队围攻凤翔的情景："及二关河草不横，十年戎马暗秦京，歧阳两望无来信，陇水东流闻哭声。野蔓有情萦战骨，残阳何意照空城……"；蒙古军队包围汴京时，元好问身陷困境，目击时艰，沉痛控诉战争的残酷："高原出水山河改，战地风来草木腥。"（《壬辰十二月车驾东狩后即事》）。有的诗反映了国破家亡，人民流离失所的惨状："道旁僵卧满累囚，过去骈车似水流。红粉哭随回鹘马，为谁一步一回头！"《癸巳五月三日北渡》）有的诗对人民遭受灭灾人祸充满同情："去年夏秋旱，七月黍穄吐。一昔营幕来，天明但平土……食禾有百螣，择肉非一虎。呼天天不闻，感讽复何补！"在艺术形式上，元好问的诗兼备各体，工于七古、七律和绝句。其中又以七律功为最高，显然受到杜甫的影响，慷慨悲凉，风格遒劲，诗句经过精心锤炼却无雕琢痕迹，富于艺术表现力。

元好问的词在金词中亦属成就最高，堪与两宋词家媲美。他的词题材广泛，有反映社会多难、人民不幸的，如［木兰花慢］（拥都门冠盖）、［临江仙］（世事悠悠天不管）等；也有再现自然风光、写景如画的，如［水调歌头］《赋三门律》；还有一些写爱情的名篇，如两首调寄［迈陂塘］的咏

《赤壁图》，（金）武元直画。

雁邱和并蒂莲词。其余还有咏怀、吊古、送别、咏物、射猎、边塞词等。元好问的词在艺术上取法苏辛，兼采各家之长，集两宋豪放、婉约的不同风格于一体。慷慨激昂有"风云奔走十年兵，惨淡入经营。问对酒当歌，曹侯墓上，何用虚名……"（［木兰花慢］《游三台》）；气势磅礴有"黄河九天上，人鬼瞰重关。长风怒卷高浪，飞洒日光寒……"；深情婉转有"问世间，情是何物，直教生死相许……"（［迈陂塘］）故元人郝经认为元好问"乐章之雅丽，情致之幽婉，足以追稼轩"；南京人张炎也说过，遗山词"深于用事，精于炼句；风流蕴藉处，不减周秦"。

元好问的散文继承了韩愈、欧阳修的传统，"正大明达，而无奇纤晦涩之语"（徐世隆《遗山先生文集序》），风格清新雄健。评论、叙事、写景，都得心应手；序引、题跋、碑铭、表志众体悉备，写本各有特色。名篇有《杜诗学引》、《两山行记》、《张萱四景宫女》、《题闲闲书赤壁赋后》等。这些文章具有承上启下的作用，对元初的文学创作产生了积极影响。

元好问在文艺评论方面最有代表性的作品是《论诗绝句三十首》。他在杜甫《戏为六绝句》的启发下，较系统地论述了建安以来的诗歌，阐明了自己的文学主张。他标举建安风骨，赞赏"曹刘坐啸虎生风"；他反对雕琢华艳的诗风，推崇陶渊明的"一语天然万古新"；他肯定陈子昂扫荡齐梁诗风的功绩，认为"论功若准平吴例，合着黄金铸子昂"；他主张创作要开阔视野，"眼处心生句自神，"认为闭门觅句是"可怜无补费精神。"元好问这些针对诗坛时弊而发的见解，极具现实性，而以诗论诗的形式也流传到后世，清人王世祯就作了《戏仿元遗山论诗绝句三十六首》。

元好问在诗、词、文、论等领域所取得的成就均代表了金代文学的最高水平，堪称一代文学巨擘。

金发明天元术

金代在数学上取得的巨大成就，当以天元术的发明为代表，它标志着金元时期数学的飞跃发展。

天元术的发明人李冶，字仁卿，金末人，自称在其成年以后，"得洞渊九容之说"，日夜钻研，并说天元术是依据洞渊测圆门第一十三计算而成，至于洞渊是人名还是书名已无从考究，但李冶的《测圆海镜》是在吸收了当时流行的同类著作成果的基础上写成是毋庸置疑的。据李冶《益古演段自序》说，《益左演段》也是在某人《益古集》基础上撰写而成的，以使之更为明白晓畅、易懂，以有利于更广泛传播。在李冶之前，中国北方流传着关于推算勾股形容圆（直角三角形的内接圆），解算方程的著作，这一时期还有

金代任询的《古柏行》行书书法作品

一些有关天元术的著作，但均已失传。很可能是由于李冶的著作为当时同类著作的集大成者，在问世后迅速取代了其他著作，使之销声匿迹了。

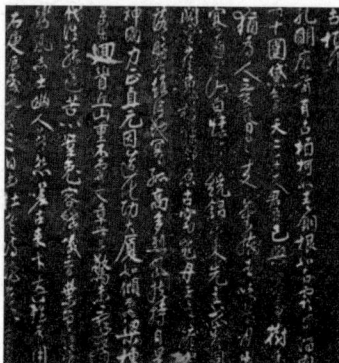

李冶的著作有《测圆海镜》12卷和《益古演段》3卷，是迄今所见最早的系统论述天元术的著作，成书时间已是金元之后的蒙元时期，前者为1248年，后者为1259年。

所谓天元术是解算高次方程的方法，在金元时期十分盛行，李冶的《测圆海镜》和《益古演段》两书，都是以问答的方式，阐述天元术的解法，其方法是用"元"字表示未知数（相当于近代数学中设X为未知数），用"太"字表示常数，依据所给的数字列出两个数量相等的方程，两者相减，一端为零，然后进行解算。

金元之际天元术的发明以及李冶的有关天元术的论述，在中国数学发展史上占有重要地位，为历代学者极为重视和高度评价。

除李冶以外，著名诗人元好问也曾研究天元术，莫子偲《遗山诗集跋》说元好问精通九数天元之学。其《如积释琐细草》是一部有关天元术的著作，为解释刘汝谐所撰《如积释琐》而作，据说麻九畴也通数学，但其学术未能流传下来。

金元人在数学上，取得的巨大成就，尤其是对天元术的系统论述，标志着这是数学史的一个辉煌的时代。

耶律楚材著《西游录》

耶律楚材是蒙古国的开国重臣。1219 年，他随成吉思汗西征，此后六七年一直留驻西域寻思干城（撒马尔罕城）。并因此著有《西游录》一书，记载 13 世纪初西域及中亚一些地方的情况。《西游录》的内容包括有西域及中亚的山川物产、风土人情、城郭关塞等。如对寻思干城的名称由来、地名涵义、货币、园林、泉水、池沼、花果瓜木、谷物、气候、酿酒、棉织品、服装等，都有记载，对当时伊犁河一带的地理和农业发展也有生动的描述。还有耶律楚材对中亚楚河——塔拉斯河一带地理情况的描述，特别是他亲自见到唐碎叶镇的故墟、唐凿渠道修石闸的遗址，以及唐节度参谋、检校刑部外郎太原王济的石碑，为研究这一带的地理沿革提供了重要资料。

《西游录》是所研究元代初年中亚地区历史地理的珍贵文献，虽然它已经失传，但流传在坊间的节录本仍可参见其详。

耶律楚材对边疆及中亚地区的发展和地理视野的扩大作出了重要贡献。

蒙古军发动对宋战争

宋绍定四年（1231）五月，宋军统制官张宜杀速不罕于高野原。蒙古以使臣中途被杀为籍口，1231 年八月，拖雷挥军闯入大散关，破凤州（今陕西宝鸡西南），趋华阳（今四川成都），以至围兴元（今陕西汉中），然后分兵西攻沔州（今陕西略阳），拆屋为筏，沿嘉陵江而下，抄掠至葭萌（今四川剑阁东）破城寨一百四十多，然后还军。十二月，蒙古军攻破饶凤关（今陕西石泉），从金州（今陕西安康）东向，渡汉水东去，抵达河南邓州（今河南邓县），以武力完成了假逼计划。宋端平二年（1235）六月，蒙古以守出师汴洛败盟为借口，设集军队，发动了第一次大规模的对宋战争。其后数年间，宋四川、京襄、两淮的广大地面被蒙古军队蹂躏。这次攻宋，窝阔台命次子阔端统兵攻川蜀，三子阔出攻京襄，诸王口温不花攻江淮。这次攻守，蒙古军尚未将灭宋作为明确目标。因此，直到窝阔台去世，蒙军终究未能越过长江。由于蒙古的经济、军事实力尚无法支撑长期的战争，攻势逐渐颓弱。南宋在初步稳定战局之后，发动反攻，恢复了失地。1241 年，宋淳祐元年，窝阔台死后，蒙古陷入汗位之争，宋蒙战争便暂时告一段落。

蒙古败金于三峰山等地

禹山之战后，右路蒙军散漫北上，欲与中路军会合，同时遣骑兵冲扰金军。正大九年（1232）正月，金哀宗得知中路蒙军已经渡河，急召邓州金军回援汴京。金军步骑兵十五万人离邓州后，遇上大雨雪天气，粮草不继，冻馁难支。在钧州（今河南禹县）三峰山，被尾追而来的右路蒙军包围，拖雷见金军疲惫不堪，冻饿难支，便开入通往钧州的路口，纵容金兵突围，然后夹击，金兵大败，势如山倒。拖雷率领部下乘胜追击，追杀数十里，并和窝阔台派来的援军会合，攻下钧州。金将完颜合达、移剌蒲阿、完颜陈和尚、杨沃衍、樊泽等或战死，或被擒杀。三峰山之战，金的健将殆尽，金军主力丧尽，加速了金朝的覆灭。

蒙古窝阔台汗四年（1232）正月，金兵尽撤秦、蓝诸隘守备，统行省所辖关陕军十一万五千，从虢州入陕州，又集同、华、阌乡军粮数十万斛，用二百余只船载之东下。蒙古军逼近时，金军弃尽粮草而逃。二月，金军率老幼相随开赴汴京，不走洛阳大道，改经西南山区。刚出发不久，一部分官兵就判归蒙古。至铁岭，金兵已数日不食，进退维谷，秦蓝总帅完颜官喜投降。金全军溃败。

赵秉文为斯文盟主

金室南迁之后，赵秉文与杨云翼同掌文坛，号为"斯文盟主"。

赵秉文（1159～1232），字周臣，晚号闲闲老人，金磁州滏阳（今河北

南宋《孝经图》，彩绘历代节孝故事

磁县）人。是金代文学家、思想家。他是金一代文宗，研治经史兼善诗文，为天下士人所景仰。

赵秉文平生以道学自居，提介孔孟，思想源于韩愈和二程，道又不离开人而客观存在，它存在于人的心中。人们要认识道，不必远求，应从自身下功夫。只要务学求知，使天理日明，人欲日消，就能达到圣贤境界，这与程朱灭人欲、存天理的思想是一致的。他认为"君臣、父子、夫妇、朋友"之间的关系同"道"是一体的，离开这些，道就不成为道。他提倡"慎独"、"养诚"的修养方法，要人对道诚惶诚恐，恪守不移。他的这些学术思想得到当世学者们很高的评价，大都认为他的学说是最纯正的儒学。其实，他对佛道也有所得，不过以儒为主，来生推崇儒学，愿为纯儒。因此，他虽多因袭周程之学，没取得新的进展，但大大地推进了儒学的北传，代表了金代儒学思想发展的最高水平。他著述宏丰，考订诸经诸子达 9 种 41 卷之多。其文师法欧阳修、苏轼、崇尚平易。著有《闲闲老人滏水文集》、《易丛说》、《中庸说》、《论语孟子解》等。

宋蒙联军灭金

金天兴三年（1234）正月，宋与蒙古联合攻克蔡州，金国灭亡。

蒙古窝阔台汗四年（1232）十二月，蒙古与宋朝达成协议，联合攻取金国。宋绍定六年（1233）八月，宋将孟珙出兵迫降邓州，攻取唐州。九月，蒙古军筑长垒围蔡州。金军多次击退宋蒙联军的进攻。秋，金哀宗深感亡在旦夕，大臣完颜阿虎带献策抢在蒙古之前结好南宋，并向宋乞粮求和，达到离间宋蒙，

延缓腹背受敌的目的。金主在信中说唇亡齿寒，自然之理，希望宋能与金联合，宋见金亡已成定局，拒绝金的乞和求粮。端平元年（1234）正月，蔡州兵力粮尽，哀宗禅位给完颜承麟，即位礼毕，宋军已占南城。哀宗自缢，一百多名将士赴汝水而死，承麟为乱军所杀，自此，金亡。

《中州集》编成

金哀宗天兴二年（1233），元好问辑成《中州集》（亦名《中州鼓吹翰苑英华》、《乾苑英华中州集》）10 卷，是一部附有作者小传的诗歌总集，代表了元好问在史学上的贡献，可看成是一部借诗存史的传记体金史撰述。

元好问（1190~1257），字裕之，号遗山，秀容（山西忻州市）人，系出北魏拓跋氏。他博学经传，贯穿百家，是金代著名的大学子，人称元才子。金时，曾官至行尚书省左司员外郎。晚年著书立说，在史学和文学上都做出了重大贡献。他本着"不可令一代之迹泯而不传"的信念，采摭所闻的"金源君臣遗言往行"，详细记录，成百余万字的"野史"，另有记亲身见闻的金末丧乱事，堪称实录的《壬辰杂编》（天兴元年，即 1232 年著成）和《中州集》等。

《中州集》汇集金代 249 人诗词 2259 首，对每个作者都撰有小传，述其主要事迹，间或评论其诗作。元好问为各个诗作者撰写的小传，贯穿了整个金代历史，可以看作是一部传记体的金史总汇。这些小传中有不少为元修《金史》所采用，有的略作删削移用，有的甚至原文照录，直至今天，它仍是一部重要的、反映金代历史的传记体史书，为金史的研究提供了宝贵的资料。

《中州集》是一部诗作、诗论、史传结合的著作，包含着丰富的诗论、文论、史论内容。虽以史论突出，而三者往往相互关联，形成一个整体的评述。如论赵秉文时，对他的道德、文章都给予极高评价，他的描写，对认识金代的道德习气、文人学识都有很大启发。他还为金代文士排次，在人物小传中穿插一些重要掌故。

《中州集》对金代的史学、文学贡献非凡，至今不失为一部了解金代的重要典籍。

蒙古西征

成吉思汗西征时，哲别、速不台统率的一支蒙古军曾在阿里吉河击溃斡罗思诸侯和钦察人的联军，但没有征服全部的钦察人，更没有征服斡罗思。窝阔台即位不久，就曾派阔客歹、雪你台等串军西征钦察（游牧于今乌拉尔河至黑海以北的突厥部落）和不里阿耳（定居于卡玛河流域的农业部族），虽取得了一些胜利，但并未征服其国。

太宗七年（1235）夏，窝阔台召集忽里台大会，决定遵守成吉思汗遗训，开拓疆土。窝阔台决定由各支宗王的长子或长孙领兵西征，万户以下各级那颜也遣长子以征。参加西征的有：术赤之子拔都、斡儿答、别儿哥、昔班；察合台之子拜答儿、长孙不里；窝阔台之子贵由、合丹、孙海都；拖雷之子蒙哥、拨绰；以及成吉思汗庶子阔列坚等。以术赤王位继承者拔都为统帅，统领全军，以大将速不台为先锋。

太宗八年（1236）春，速不台率十五万蒙古军从草原本部出发。秋，抵达不里阿耳，与已先到达的拔都会合。速不台攻破不里阿耳，焚城，蒙古军攻入钦察，班都察归降，另一钦察首领八赤蛮被擒杀。

太宗九年（1237）秋，拔都决定进兵瞬罗斯。冬，蒙古军攻陷也烈赞城（今苏联梁赞附近）。十年（1238）初，连破莫斯科等城，进围公国首府弗拉基米尔，五日后破城，并在昔边河（即昔赤河）畔围歼大公。拔都军南下攻入钦察西部草原，钦察部长忽滩率众逃入马札儿境。

十一年（1239），蒙哥、贵由攻入阿建国，破都城蔑怯思，国王抗忽思降。十二年（1240）秋，窝阔台召贵由、蒙哥东归，留拔都继续征讨。拔都亲串军取乞瓦（今苏联基辅），后攻入伽里赤国，攻破弗拉基米尔——沃伦。

到此时，斡罗斯诸国基本被蒙古征服。1241年春，拔都、速不台串军进攻马札儿，拜答儿、兀良合台率军攻李烈儿。在尼格里茨，拜答儿军大败李烈儿和捏速思（即德意志）联军，后南下与拔都在马扎儿会合。蒙古军主力

123

进入马扎儿,大败其怯怜(国王)的军队,进拔佩斯城(今匈牙利布达佩斯)。十二月,蒙军过秃纳河(多瑙河),攻陷格兰大城。拔都遣亲王合丹追马札儿王别速到亚得里亚海边。

1242年冬,窝阔台死讯传到军中,拔都于是串军东返。1243年春,到达也的里河(今苏联伏尔加河)营帐。拔都在这次西征基础上,在也的里河下游建萨莱城(今苏联俄罗斯阿斯特拉罕附近),作为国都,正式建立钦察汗国,命归附蒙古的斡罗斯贵族担任各公国长官,实施对该地区的统治。

这次西征以1235年二月开始,到1242年冬结束,因窝阔台命各系宗王居长者统兵西征,万户以下各级那颜长子从征,所以历史上称为"长子西征"。

蒙古尊孔

蒙古起于漠北,崇尚武力,攻战。进入中原的初期,也只对技巧工艺感兴趣而不重视孔孟之道。窝阔台即位不久,中原大部分地区已经被征服,如何有效地控制、治理广大地区被提到议事日程上来。著名政治家耶律楚材经常向窝阔台讲述周公、孔子的学说,提倡"以儒治国",并向他讲"马上得天下,不可以马上治天下"的道理,窝阔台听后深表赞赏,决心采纳耶律楚材的建议。

孔庙碑林是中国罕见的大型碑林之一

在耶律楚材等儒士的影响下,窝阔台逐渐重视任用汉人儒者,注意保存吸收汉族文化。窝阔台汗四年(1232)二月,蒙古军围攻汴京,派人向金朝索要翰林学士赵秉文,孔子第五十一代孔元措等人。第二年四月,崔立以汴京投降蒙古,把后妃、宗室、衍圣公及三教,医卜、工匠、绣女送交蒙古。六月,窝阔台采纳耶律楚材的建议,续封孔元措袭衍圣公。同年,又下令修孔庙。九年(1237),蒙古修缮曲阜孔庙完成,命孔元措主祭祀事。又规定免去孔、

孔庙大成殿内的孔子塑像

孟、颜等儒门圣人子孙差发杂役，以示优待。

蒙古搜集工匠

蒙古因崛起于漠北草原，擅长于游牧，而对工艺则十分生疏，所以他们在征战中注意搜罗各色工匠艺人。成吉思汗曾下令，凡进行抵抗的城邑，攻陷后要屠城，只有工匠艺人可以免于一死，他们被俘虏到漠北

宋代鎏金舍利瓶

为蒙古人制作武器及日用品。蒙古在西征、攻金灭夏和对宋战争，俘获了大批工匠。为了多俘工匠，他们还把俘虏工匠多少作为奖励军功的一项条件。因此，每次战争后，将士报功常称俘虏工匠若干。由于蒙古人对工匠另眼相看，所以不少居民为了免祸就冒充工匠。俘虏的工匠满足不了蒙古人的需要，他们便在征服地区括取工匠，或集中到漠北或就地设官管理。成吉思汗时，蒙古国已开始括匠造作，窝阔台、蒙哥时代，也在北方几次籍户，把工匠列入专门户籍。忽必烈平定江南，又在江南括匠。至元十二年（1275）在江南括匠三十万户，十六年（1279）又括四十二万，至元二十四年（1287），不再下令括取江南诸路工匠。在政府括匠的同时，诸王也收罗工匠。匠户集中在各类局院中服役，子承父业，子孙世袭。政府也给工匠许多优厚待遇。官匠由政府供给口粮，免除科差，元初，还免去当杂泛差役，和雇和买。因此，有的民户为避免差役之累，也乐于投属匠籍。工匠艺人的地位在元一代仍是比较高的。元朝统一之后，政府设置的局院遍布全国名地，据估计官府所领匠户达30～40万以上。除此，隶属诸王投下的匠户也为数不少。

蒙古开始考试儒生

蒙古窝阔台汗九年（1237）八月，耶律楚材对窝阔台说，治理国家必用儒业，建议考试儒生，得到窝阔台同意。

窝阔台于戊戌年（1238）在中原诸路选试儒生，命课税使刘中主持。考

试采用金、宋贡举旧制，分经义、词赋、策论三科，凡不失文义便被中选。被掠为奴的儒生也可应试，原主不得隐瞒阻拦，违者处死。经考试，得东平杨贪等儒士四千零三十人，被俘为奴的儒生有四分之一得赦免。中选儒士入儒户籍，享受一定的优待，部分儒士还被任命为本地议事官，与达鲁花赤一起商讨公事。史称"戊戌之试"。

对绝大多数中选者而言，戊戌之试实际是一次确定儒籍的考试，一千多沦为奴隶的儒士通过这次考试重获自由。所以元代儒士文人对这次考试评价很高，念念不忘。

蒙古建书院

窝阔台汗十年（1238）十月，蒙古在燕京（今北京）建太极书院。

窝阔台汗八年（1236），杨惟中率蒙古军在蜀、湖、京、汉用兵，得名士数十人，他收集伊、洛诸书，运到燕京。杨惟中，姚枢从俘虏中访得赵复，听了赵复关于程朱理学的论述，开始喜欢理学。在1238年十月，杨惟中和姚枢一起筹划建成太极书院和周子祠（周敦颐），附带供祭二程、张载、杨时、游酢、朱熹，选取南征中收集的八千余卷遗书，请赵复在书院中讲授道学，又派亡金儒生王粹当助手，招选河朔地为人俊秀有见识者为学生。到书院和祠建成，河朔地区的士人才明了道学的深奥和妙处。从此，理学在北方也开始逐渐推广传播。太极书院开学后，从学者有一百多人，姚枢、杨惟中、郝经、梁枢、赵彧、许衡等人都直接或间接受学于赵复。

孟珙抵抗蒙古军

宋端平二年（1235）夏秋以来，宋京襄地区的襄阳、随、枣、邓州相继遭蒙古阔端、曲出军的进攻，江陵也被围。三年（1236），襄阳失陷，江陵北面的均、房、随、德安、郢、荆门、信阳、光化等京西九郡尽为蒙军占领。十一月，蒙将特穆尔岱攻江陵（今湖北荆州），宋沿江制置副使史嵩之派孟珙援救。

孟珙，徐州（今山西新降）人，宋忠顺军首领孟宗政之子，在灭金和抗蒙战争中屡建战功。

孟珙见特穆尔岱率蒙军编筏欲渡江，就指挥士兵变易服色，循环往来，夜以火炬照江，数十里相接，以迷惑敌人。然后，亲自领兵出击，连破蒙古二十四寨，夺回被俘的二万人。蒙军败退。

嘉熙二年（1238），蒙军集中力量进攻江淮，放松了对京襄地区的攻势。宋廷颁诏乘机收复京

内蒙古上京南塔

襄失地，孟珙被任命为京湖制置使。他认为要复襄阳，须先复郢州、荆门，于是宋廷檄令江陵制司发兵反攻，克复郢州、荆门、信阳。1239 年 4 月，孟珙在收复襄阳后，请置重兵于此，练兵积粟，使襄樊守备力量得以加强。

嘉熙三年（1239）底，孟珙驻节松滋，协助湖北安抚副使知峡州孟璟在归州大垭寨击溃蒙军，蒙军知宋有备，撤兵而退，孟珙乘胜，收复夔州（今四川奉节），阻止了达海出三峡入两湖。1240 年初，孟珙派兵攻袭蒙古军在河南的后方基地。二月，孟珙任四川安抚使兼知夔州。后又迁京湖安抚制置人使兼夔路制置大使，置司夔州。其间，他提出长江上流防御宜为藩篱三层之策，主张把长江上流和涪州（今四川涪陵）以南至荆湖的防务连接在一起，防止蒙军向长江南岸渗透。淳祐二午（1242），孟珙分兵阻止了耶律末哥对京襄的进攻，又组织应援四川，挫败了耶律未哥对泸州的进攻。在孟珙主持京襄防区期间，长江中游的防务得到明显改善，饱受战火洗劫的京襄地区得到数年更生复苏的机会。

1246 平 9 月，孟珙死，孟珙善抚士卒，忠君体国，有古代名将风度，被迫封为吉国公，谥忠襄。

蒙古建和林城

蒙古窝阔台汗七年（1235）二月，窝阔台命刘敏在斡耳寒河岸建城，作为大蒙古国的都城。

成吉思汗时代，蒙古人仍不习惯于宫室城池。只是逐水草居穷帐。灭金

之后，窝阔台受中原城居生活影响，加上国家事务日益繁多，他感到迫切需要建立都城和营建与帝王地位相称的庄严宫阙。于是他命刘敏负责在蒙古草原筑城，地址在鄂尔浑河东面原回鹘故城和村（今蒙古人民共和国后杭爱省厄尔得尼召北）。他下令从中原征调各色匠人。窝阔台汗七年（1235），刘敏指挥山东、山西、西域的工匠开始筑城。建筑包括汗宫万安宫、诸王宫、仓库、官邸、市肆、佛寺道观清真寺、教堂等。大汗居所万安宫于次年（1236）建成，坐落在城的西南隅，有宫墙环绕，周约2里。城南北约四里，东西约二里，外城周长约十五里，辟东西南北四门。从窝阔台到蒙哥的二十日年间，和林一直是蒙古汗国的都城，全称哈剌和林。在和村周围，窝阔台还选定了春、夏、秋、冬四季的驻地，建立了行殿或宫帐。他每年在和村宫

《静听松风图》，马麟画。

中的时间不长，大部分时间在四季驻地度过。和村成为当时国际都市，居住有畏兀儿人、波斯人、斡罗斯人。英国人和法国人，知名的有法国歌手罗伯特，金银匠威廉·布歇。

耶律楚材宣传三教同源

耶律楚材（1190~1244）13世纪蒙古国大臣，字晋卿，号湛然居士，契丹皇室后裔，辽太祖耶律阿保机的九世孙。其父耶律履，曾做过金朝尚书右丞。耶律楚材从小受到良好教育，博览群书尤通经史。虽为契丹族但家庭久已汉化，生活习惯思想观念等同汉人一样。金朝末年，他在金丞相定颜承晖手下担任左右员外郎。蒙古军攻下中都（今北京）后，他应召前往漠北，随即又扈从成吉思汗西征，担任汉文书记和星象占卜工作。窝阔台嗣位后，

南宋佛教达摩宗的六代祖师像

始受重用，1231年后掌汉文字的必阇赤长（汉人称之为中书令）。当政期间，在政治、经济、文化等方面提出了一系列有利于中原封建经济的恢复和发展的政策与措施，使蒙古统治者在适应汉族封建文明的道路上作了初步的尝试。

在政治思想上，耶律楚材由于亲眼目睹了连年战乱给人民带来的巨大苦难，立下了用儒家学说济世安民的志愿。决心用儒家学说把当时残破的北方社会改造成太平盛世，提出政治主张：加强中央集权，削弱蒙古诸王贵族和汉人世候的权力；均定赋税，反对苛征暴敛；保护、优待和任用儒士等。这些对当时北方社会和生产的恢复发展起了很大作用。

耶律楚材政治思想上的一个显著特点是"三教同源"论，三教即儒、释、道教。"三教同源"论在金末北方社会中广泛流行，耶律楚材接受并宣传这一观点，他在随成吉思汗西征时著《西游录》具体阐述这一观点。他认为：世界上存在一种类似于终极其理的"道"。这种"道"是易知易行的，并非僻怪之物。因此儒、释、道三教在寻求"道"的问题上最后不谋而同。"三圣人教。皆有益于世者。"他还说："以吾夫子之道治天下，以吾佛之教治一心，天下之能事毕矣，"由此可见耶律楚材在思想观念上虽以佛学为归依，实际行动却仍然遵循孔孟之道。因此他的"三教同源论"仍然是儒家与道释互补的理论，为当时汉人知识分子提供了一种思想与行动上的理论依据。

窝阔台死·脱列哥那称制

窝阔台汗十三年（1241）十一月，窝阔台外出行猎，返至乌特古呼兰山，奥都剌合蛮进酒。饮后第二天，因极夜欢饮而死于行殿，时年五十六岁。葬于起辇谷，庙号太宗。按照蒙古习俗，大汗死后，应由长妻主攻。直到新汗经由忽里勒台（大会）拥立即位。窝阔台长皇后孛剌合真哈敦无子，又继窝阔台之后不久死去，于是脱列哥那在察合台等宗王支持下以诸长子

南宋的燃灯佛授记释迦文图，立意在宣扬佛法无边。

129

之母的身份宣布称制，摄理朝政。脱列歌那，乃马真氏，原为蔑儿乞部长带儿兀孙之妻。成吉思汗灭蔑儿乞，将她赐与窝阔台为妻。她生五子：贵由、阔端、阔出、哈剌察儿、合失。窝阔台生前想立失烈门继承汗位，脱列哥那称制之后，改变窝阔台遗愿，想立长子贵由为汗。但是术赤长子拔部等宗王强烈反对，加上贵由身在征西途中，选举大汗的忽里勒台也迟迟不能开会，因此脱列哥那摄政近四年之久。在摄政其间，脱列哥那继续任用西域商人奥都剌合蛮，让他主管汉地政事，扑买课税，甚至以盖有御宝的空白文书交付奥都剌合蛮，由他自行填写发布还传旨，凡是奥都剌合蛮的建议，史官必须记载，否则断手；她宠信从波斯掳掠来的女巫师法梯玛，任其所为；她又排斥太宗旧臣耶律楚材，罢免右丞相镇海，并遣使捕杀主管汉民公事的中州断事官牙老瓦赤及其子，主管畏吾儿以西至河中地区公事的麻速忽。牙老瓦赤逃避到阔端处，麻速忽逃避到拔都处。由于汗位久虚，成吉思汗的幼弟斡赤斤曾领兵西向，欲乘机夺权。1246年7月，拖了四年多的忽里勒台大会在月儿灭怯土的金斡儿朵举行。在长支字五拔都以生病为借口拒绝与会的情况下，脱列哥那操纵忽里勒台大会，最后选出贵由为大汗，贵由当时四十一岁，脱列哥那本人在这一年冬天病死。

蒙古军闯入东欧

　　窝阔台汗十三年（1241）初，拔都从伽里赤分两路继续西侵，北路由诸王拜答儿、大将兀良合台率领，入侵孛烈儿（今波兰），南路由拔都兄弟和速不台率领入侵马札儿（今匈牙利）。二月，北路军拜答儿攻陷桑多米儿，三月，在希特罗维大败孛烈儿军。蒙古军入城克拉科夫城纵火并乘胜进攻西里西亚，南路军分三路侵入马札儿（今匈牙利）。此时马札儿国四分五裂。拔都以收容钦察忽滩汗、伽里赤诸侯丹尼尔为由，向马札儿国五别剌四世问罪，劝其投降，别剌不从，也不积极设防，大军压境时，才急召主教，贵族至布达城商量对策，决定把忽滩汗收捕入狱，并派人四出征集军队。三月，拔都军至佩斯城郊。马札儿军一部出战惨败，国人大哗。忽滩汗在狱中被杀，引起钦察人和马札儿人相互斗杀，国中大乱。钦察余众转往保加利亚。四月九日，

北路军在里格尼茨与西里西亚诸侯亨利二世指挥的孛烈儿、捏速思（今德意志），联军大战，蒙古军佯退，诱敌追击，然后回马射杀，亨利战死，联军覆灭。五月，蒙古军攻下摩拉维亚，达到波希米西、奥地利边境。波希米亚王派将军雅洛思者率兵五千人援助摩拉维亚，坚守奥勒穆茨城。蒙古军久攻不克，伤之日众，至六月二十七日，撤围，南下马札儿与拔都会合。

在马札儿的蒙古军南路军在佩斯城郊大败马札儿一部。四月，别剌自佩斯城率六万人出击，拔都引退漺宁河（即索约河）东。别剌虽派千人守桥，但戒备比较松懈，拔都寻找机会，趁夜袭击马札儿军队。他派速不台迂回下游潜渡，绕到别剌军营后方，自己率大军强夺大桥，凌晨，包围敌营。这一仗，马札儿士兵死伤无数，别剌夺路而逃。蒙古军乘胜攻取了佩斯城并屠城。夏秋之际，西征军在秃纳河（多瑙河）以东会师，准备抄掠斯洛伐克、捷克等地。七月，蒙古军的一支迅攻维也纳附近，遭到奥地利、波希米亚联军联合抵抗，被迫退走。十二月，拔都挥师攻克马札儿旧都格王城。1242年初，他派合丹追击别剌四世。四月，他率军东返，合丹劫掠斯帕剌托、卡塔罗二城，经塞尔维亚东行，与拔都会合东返。1243年春，回到也的里河拔都大本营。

蒙古西征军深入东欧腹地，引起欧洲各国国王和罗马教皇的震惊。1245年4月，教皇派意大利人大主教普兰诺·卡尔平尼出使蒙古，贵由在诏书中勒令教皇率基督教国王投降。1248年西征蒙古军派遣突厥人埃伯克与基督徒沙述斯随教皇英诺森四世派的使者阿西林回使罗马教廷。这是蒙古使者首次赴西欧。蒙古军西征欧洲，给欧洲人民带来危害，也加强了欧洲各国的往来。

耶律楚材去世

蒙古乃马真后三年（1244），元政治家、学者耶律楚材去世。耶律楚材（1190~1244），字晋卿，道号湛然居士，契丹族人。行秀弟子，蒙古取燕京时降蒙。以占卜和医术得成吉思汗信任。他支持窝阔台即位，得其倚重。制定朝仪，创行税制。1231年，窝阔台任命他为必阇赤，汉人称之为中书令。他是促使成吉思汗、窝阔台等蒙古贵族接受中国传统文化的第一人。1243年，乃马真皇后二年，皇后信任奥都剌合蛮，给以御宝空纸，使其自行填写。耶

律楚材上书谏皇后，说，有乱
朝章，臣不敢奉诏。又上书屡
谏，使皇后不悦。但他是先朝
耆旧勋臣，皇后虽对他不满，
也还是颇敬仰他。耶律楚材身
历三朝，因朝政每况愈下，忧

蒙古族是马上民族，图为赵孟頫的《浴马图》。

愤成疾，于 1244 年 5 月去世。有人妄称天下贡赋一半在耶律楚材家，乃马真
皇后便派人视查，看到耶律楚材家中仅有十几个琴，数千卷古今书画、金石、
遗文等。耶律楚材学识渊博，旁通天文术数，能诗文，著有《湛然居士集》。
他死后被追封为广宁王，谥文正。

拔都建钦察汗国

　　窝阔台汗时期，拔都率蒙古军西征，从 1235 年开始，到 1242 年冬结束。
拔都东返，于 1243 年春，到达也的里河（今伏尔加河）营帐，在西征基础上，
拔都在也的里河下游建萨莱城（今俄罗斯阿斯特拉罕附近，作为国都，正式
建立钦察汗国，亦称金帐汗国或术赤兀鲁思。根据成吉思汗分封规定，长子
术赤的封地在也儿的石河（今额尔齐斯河）以西，花刺子模以北，直至蒙古
军马蹄所到之处。术赤在世时，实际统治地域为乌拉尔河以东的钦察草原和
阿母河、锡尔河下游的花刺子摸地区。术赤长子斡鲁答早年便将长子权让给
拔都，拔都西征，建立新汗国，疆域东起也儿的石河，西包斡罗斯，南起巴
尔喀什湖、里海和黑海，北至北极圈附近。因拔都大帐以白毡为质、黄金饰
顶，故称金帐汗国；又因立国于钦察草原，故称钦察汗国。在汗国内，拔都
的十三个兄弟及其后裔各有世袭的封地。各受封诸王，都统辖于钦察汗，奉
拔都及其继承者为主，钦察汗国在蒙古四大汗国中疆域最广，延存时间最长，
从 1243 年建国，到 1502 年灭亡。拔都统治俄罗斯诸国达二百五十余年。在
此期间，契丹文化和蒙古文化渗入俄罗斯南部的钦察草原，东方服饰如长衫、
靴、束腰带、圆帽为俄罗斯封建主所习用，茶叶经西亚传至俄罗斯。西方与
东方文明在此进行了大交流。

蒙古征服吐蕃

窝阔台即位后，次子阔端率军进驻河西，着手经营吐蕃。1235年，阔端先取秦（今甘肃天水）、巩（今陇西）地区，巩昌汪世显、熙河蕃部首领赵阿哥昌等投附蒙古。赵阿哥昌被任命为叠州（今甘肃迭部）安抚使负责招集吐蕃诸部。1236年阔端大举入蜀，攻破宕昌、阶、文等地后，招降吐蕃奠长勘陁孟迦等十族，任命其首领为边州长官，赐给银符。1239年，阔端派部将朵儿答进兵乌斯藏，到达今拉萨东北地区。后因窝阔台死，蒙古军撤出。乃马真后三年（1244），阔端给主持萨斯迦寺的班弥坦·功嘉监藏写信，邀请他前来凉州。功嘉监藏应召，携带侄子八思巴和恰那朵儿只北上，1246年抵达凉州阔端王府营地。1247年，阔端从和林回来，功嘉监藏代表吐蕃各部与阔端达成协议，承认吐蕃归属蒙古。功嘉监藏发布《致乌斯藏纳里僧俗诸贡领书》，确认吐蕃接受蒙古大汗管辖，并转达阔端的命令：各地在职俗官，官仍原职；任命萨斯迦首领为达鲁花赤，赐金符银符；各地官员处理政务须请示萨斯迦金符长老；各地编造籍册，开列官吏姓名、俗众人数和贡赋税额，上呈阔端和萨斯迦金符长老。在萨斯迦派的带动下，吐蕃诸部大多归附蒙古，蒙古通过萨斯迦领袖确立了对吐蕃的领导权，从此，西藏地区正式成为中央政权管属部分。

蒙哥登上蒙古大汗位

1246年，太宗长子贵由在继承汗位之后，决定翦除成吉思汗长子术赤的次子拔都这支异己势

蒙古杂剧陶俑

133

力。定宗三年（1248）初，他率大军离开和林，借口回封地叶密立（今新疆额敏南），向西行进征伐拔都。拖雷妻唆鲁禾帖尼别吉遣密使报告拔都。三月，贵由行至距别失八里一星期行程的横白乙儿之地（今新疆马伦古河上游河曲处），突然暴死，其妻斡兀立海迷失摄政。拔都遂以长兄的身份召诸王前去见他，共商选立新汗。拖雷妻唆鲁禾帖尼与拔都结盟抢夺政权。决定选蒙哥为大汗。窝阔台、察合台部子孙多不前往，摄政的海迷失后只派代表参加。尽管海迷失的代表八刺和蒙哥异母弟木哥坚决反对，大会由于力量对比悬殊，还是强

大理国是五代、宋时以白蛮族为主体所建立的封建领主政权，地域在去南、四川西南一带。图为南宋张胜温画的《大理国梵像图》（部分），若作于1240年。

行通过了推举蒙哥为汗的建议。但是，察合台、窝阔台两系诸王没有参加会议，他们对大会决定根本不予承认。于是拔都一面派大军护送蒙哥返回蒙古，一面再次邀请诸王到斡难河（今蒙古鄂嫩河）、怯绿连河（今蒙古克鲁伦河）祖地重开大会。东道诸王应召赴会，而察合台、窝阔台系诸王仍旧抵制，大会拖延了两年之久。这期间，唆鲁禾帖尼千方百计收买人心，换得更多的藩王的支持。宪宗元年（1251年）六月，忽里台终于召开，到会诸王承认拔都造成的事实，共奉蒙哥为大汗。汗位从此由窝阔台系转移到拖雷系，蒙哥即汗位结束了窝阔台系的统治，引起窝阔台系诸王愤恨。蒙哥严厉镇压异己势力，将失烈门、脑忽、也孙脱等准备发动政变的三王下狱，溺死了斡兀立海迷失，巩固了权位。从此窝阔台和察合台两系力量受到打击，一蹶不振。

134

王若虚反对形式主义

1243 年，金代文学家王若虚去世。

王若虚（1174~1243），字从之，号慵夫，入元自称滹南遗老。真定槁城
（今河北槁城）人。早年致力于学，章宗承安二年（1197）擢经义进士。曾
为地方官及朝廷文官。哀宗正大年间在史院主持史事，修《宣宗实录》。后
历任平凉府判官、左司谏、延州刺史、直学士。金亡，归隐乡里以终。

王若虚是金代的重要学者，精通经、史、文学，所著《滹南遗老集》是
其一生才学之集大成者，共45 卷。

王若虚的文学理论，主要是针对当时文坛上的形式主义文风的。在文学
和生活的关系上，他主张写"真"去"伪"，反映客观现实，认为"哀乐之真，
发乎精性"（《诗话》上），"文章唯求真是而已"（《文辨》一）。在内
容和形式的关系上，他认同周昂的主张："文章以意为之主，字语为之役"（《诗
话》上）"凡文章巧于外而拙于内者，可以惊四筵而不可适独坐，可以取口
称而不可得首肯，"（《文辨》四）把思想内容放在首要地位。他还强调"辞
达理顺（《诗话》下）、"浑然天成"（《诗话》中），对于"不求是而求奇"
（《诗话》中）、"不求当而求新"（《诗话》下）的倾向提出了批评，指
出"凡文章须是典实过于浮华，平易多于奇险，始为知本末"（《文辨》四）。
王若虚对形式主义的反对是态度鲜明的，但在具体的文学批评中，他自身却
也没能完全摆脱形式主义的影响。如他对司马迁的评价就有失之偏颇处，他说：
"迁虽气质近古，以绳准律之，殆百孔千疮。"（《文辨》一）

王若虚的诗文创作成绩亦较突出。其文不事雕琢，唯求理当；其诗以白
居易为法，崇尚自然，能曲尽情致。他的创作实践和理论是相互一致的。

海云入蒙古讲法

乃马真后元年（1242），著名禅僧、临济字第十六代传人海云应忽必烈之邀，赴漠北大帐，解释佛法大意。海云，岚谷宁远（今山西五寨北）人，俗姓宋，名印简。八岁出家、1214年成吉思汗率军伐宁远，蒙古贵族和中原佛教第一次接触了。1219年，海云与其师中观随木华黎北上，向成吉思汗转达中原佛教徒的要求。1220年，海云奉国王木华黎之命，到燕京掌庆寿寺书记。1235年窝阔台命海云主考天下僧徒，定为乙未户籍。

南宋刘松年的《罗汉图》

1242年，忽必烈在潜邸召见海云，同行者有侍者僧子聪（刘秉忠）。在讲论中，海云建议忽必烈"宣求天下大贤硕儒，问以古今治乱兴亡之事"。当忽必烈问及三教之中何为尊时，海云极力吹捧佛教，贬抑道教，认为佛法乃三教之首，忽必烈对海云颇有好感，其次子真金生，邀海云为之摩顶立名，还要求将随行侍者僧子聪留在身边，为王府掌书记。贵由汗即位后，令海云统摄僧徒。宪宗二年（1252），蒙哥以海云领天下僧事，传临济宗禅法、海云后来卒于宪宗七年（1257年）。

忽必烈崛起

忽必烈，生于元太祖十年（1215）九月二十三日，是蒙哥汗的四弟。在蒙古诸王中，他受汉文化影响最大，给蒙哥汗的印象也最好。

蒙哥即汗位后，于蒙哥元年（1251）七月有意派忽必烈总治漠南的军民政事。忽必烈受命南下，建立了金莲川幕府。

在漠南汉地，忽必烈公开打出尊儒揽士的旗号，被廷揽入府的幕僚至少有六十多人，其中既有正统儒学的代表，又有战功显赫的猛将，组成了一个文武兼备的政治智囊集团。忽必烈热心于学习汉文化，曾先后召请中原儒者张德辉、窦默等到家里，向他们请教儒学要旨，治国大道。蒙古进驻中原后，一直对汉地进行竭泽而渔的统治。忽必烈依照汉法治理，不久就使漠南汉地流亡者复归、户口增加、百姓仓有余粮，得到汉族士大夫的一致赞扬和拥护。

蒙哥汗二年（1252）正月，忽必烈采纳眺枢的意见，请蒙哥大汗批准，设屯田经略司于汴京（今河南开封），打击贪淫暴戾的地方军阀，处死横暴的州县官吏，深得民心，又组织兵民屯田，河南田野荒芜情况逐步改观。

蒙哥大封同姓王时，让忽必烈从河南和关中二地选一作为封地。忽必烈接受关中为封地，恢复生产，教化人民，使该地成为他后来远征大理，南攻四川的军事基地。

从治理滇南汉地开始，忽必烈逐步接触到了中原汉地传统的政治伦理文化，征用汉人儒士参加治理，拉拢地主武装集团以扩充实力。不到十年，他的经济、军事实力就位居诸王之首。

蒙古营建开平城

蒙哥汗六年（1256）三月，忽必烈命刘秉忠择地筑城。经三年努力，新城建成，是为开平。

忽必烈自从总领汉地军国庶事之后，夏季常常驻跸在金莲川（今滦河上源闪电河一带）以避暑。蒙古人自古以来过的都是游牧生活；而忽必烈的幕

任仁发的《出围图》，画出蒙古马官出围放牧状。

137

僚大多数是汉人，习惯于城居。另外，忽必烈也希望在总理漠南汉地期间，建造一个城堡作为政治中心。

元壁画《论道》，墨笔精炼，描绘了道士与老者的对话。

当时金莲川周围的城地主要有桓州（今内蒙古正蓝旗黄旗大营子北）、抚州（今河北张北）和昌州（今内蒙古锡林郭勒盟太仆寺旗白城子）等，但大多都在蒙金交战中受到破坏，只有昌州还有一百多户人家居住。在这种情况下，忽必烈首先在蒙哥汗四年（1254）八月，任命惠州滦阳人赵炳为抚州长官，重建抚州，准备驻该城；同时筹划建一新城，作为长久的住地。刘秉忠接受这一任务后，于1256年十月，看中了龙冈（今内蒙古多伦西北），此地位于桓州之东，滦水北岸，北依南屏山，南临金莲川，东西两侧是草原，地势较平坦，宜于建城。

三年后，新城建好，其中包括王宫、官舍、民屋、市肆，命名为开平府，后来更名为上都。在忽必烈迁都大都（今北京市）的前十年间，这里成了帝国的首都。

蒙古佛道大辩论

蒙哥汗五年（1255）、七年（1257），佛道两教的代表在蒙哥、忽必烈的分别主持下进行了两场大辩论，结果都是佛胜道败。

蒙古南下中原，逐步接触到中原汉地的佛教与道教。从巩固统治的角度考虑，蒙古主对二者同时加以笼络。这样，佛、道二教就各恃势扩展，为争夺寺观和田产互相倾轧，不断发生冲突。

起初，全真教主丘处机及其门徒凭借成吉思汗的护持圣旨，将数百所佛寺改为道观，引起广大僧众的不满。后来，李志常继任教主，主持刊印道藏，广为流布，影响颇大，其中《老子仕胡经》等书有蔑视佛祖的言辞，更引起对方愤慨。于是，禅宗曹洞宗和僧侣福裕借此机会向蒙哥汗提出控告。

蒙哥汗五年（1255），蒙哥召集福裕等佛教代表与道教首领李志常等到和林，在大内万安阁对教理举行御前辩论《仕胡经》的真伪，结果佛教获胜。

蒙哥命中宗断事官布智儿等与克什米尔僧人那摩大师一同检核道藏的伪经，并令道士重塑所毁佛像，归还所占佛寺。道士们不服，奏请以乙未户籍为准，不肯交割。于是福裕、那摩等上奏请求再辩。蒙哥认为佛道争端是汉地事务，就命忽必烈主持解决。

蒙哥汗七年（1257），忽必烈在潜耶开平（今内蒙古正蓝旗东）召集第二次佛道辩论。出席的佛教代表人物有福裕、那摩、八思巴、刘秉忠等三百多人，道教代表有以全真教主张志敬为首的道士二百多人，此外，还有断事官孟速思以及廉希宪、张文廉等官员，窦默、姚枢等儒士共2百多人列席作证。这次辩论的结果，仍然是佛胜道输。事后，忽必烈依照事先约定的惩处办法，命令参加辩论的十七名道士削发为僧，亦下令焚毁道藏伪经45部，还将200多处道观改建为佛寺。

蒙哥汗朝的这两次佛、道大辩论，对道教是个沉重的打击。从此以后，道教的地位列于佛教之下。

蒙古人进军西亚

蒙哥二年（1252）七月，旭烈兀奉命西征大食等国。为支持这第三次两征的大规模军事行动，诸王各从属军队中每十人抽二人由子北率领从征；又从汉地调派炮手、工匠千人管理火器，由郭侃负责带队。已被委派镇守波斯的拜住和怯失迷儿（克什米尔）的塔亦尔拔都，均归属旭烈兀指挥。

是年七月，先锋怯的不花率一万二千人出发，次年进入木剌夷境，首先进攻库希斯坦地区，包围吉儿都怯堡达两年之久。旭烈兀大军从次年（1253）十月缓慢西行，蒙哥汗六年（1256）才渡过阿母河。入春，率大军进入战区。不久攻灭盘踞里海以南诸山城的木剌夷国。

蒙哥汗七年（1257）春，旭烈兀移师哈马州，准备进兵黑衣大食。镇戍波斯西部的拜住前来听命。十世纪以来，黑衣大食逐渐衰落，哈里发仅保有伊斯兰教领袖和伊斯兰世界名义上的宗主地位，辖境只限于伊拉克、阿剌比一带。蒙哥汗八年（1218），旭烈兀攻陷报达（今伊拉克巴格达），灭黑衣大国（阿拉伯帝国阿拔斯朝）。

蒙哥汗九年（1259）九月，旭烈兀命怯的不花为先锋，拜住统右翼，速浑察统左翼，自统中军，从阿剌塔克出发，进攻叙利业。次年一月，攻陷阿勒波城，杀掠六日。四月，怯的不花占领大马士革城。叙利业算端纳昔儿辗转逃到巴勒哈，被蒙古军捕获。这时，蒙哥死讯传来，旭烈兀留大将怯的不花率军两万继续攻略叙利业各地，自率其余军队返回波斯。

蒙哥汗九年（1259），蒙古遣使到开罗谕降，密昔儿（埃及）算端忽秃思召集臣僚商议，决定出兵抵抗。第二年七月，杀蒙古使者，进兵巴勒斯坦。九月，怯的不花与忽秃思军在阿音扎鲁特（大马士革南）会战，怯的不花战死，蒙古军全军覆没。密昔儿军乘胜占领大马士革、阿勒波等城，杀蒙古所置官吏。蒙古军向埃及和北非的扩散被遏止，西征结束。

蒙哥汗发动的第3次西征，到1260年结束，历时八年，虽对西亚许多地区造成巨大破坏，但也推动了中西文化的交流，促进了东西民族的融合。

忽必烈征服大理

蒙古蒙哥三年、大理天定元年（1253）十二月，忽必烈攻灭大理，完成了从西南包抄南宋的计划。这计划是由他向执政的蒙哥提出并被采纳的。

大理国为白蛮（今白族）段氏于937年所建，辖域包括了今云南全省、贵州及广西西部、四川南部和缅甸、泰国、老挝的部分地区，主要民族为乌蛮（又称罗罗，今彝族）和白蛮，另外麽些（今纳西族）、和尼（含哈民族）、峨昌（今阿昌族）、蒲、朴子（今布朗、崩龙族）、金齿，白夷（皆今傣族）等族也居住在大理境内。

1253年秋，忽必烈从六盘山出发，假道吐蕃，从贰剌（今四川松潘）分三路前进，过雪山，渡金沙河，沿路攻城略地，收服大量吐蕃部落。当年冬，到达大理境内，在大理以北四百多里的麽些蛮诸部降蒙，这是大理境内最早归附蒙古的部族。

接着，忽必烈派使者到大理招降，被杀，于是他下令围攻大理城。此时的大理国王段兴智很孱弱，政权由高祥、高和兄弟把持。高氏兄弟出城迎战，大败，就与段兴智一起弃城逃跑。高氏兄弟在逃亡途中被蒙军追上，斩于姚州（今云南姚安）。忽必烈远征大理取得了胜利。

蒙哥四年春，忽必烈留兀良合台继续征服大理未附诸部，自己领军再次取道吐蕃东境，返回关中。

同年秋天，兀良合台领兵攻占押赤（今云南昆明），俘获大理国王段兴智。第二年，兀良合台遣送段兴智会蒙哥，蒙哥赐他"大王"称号，并将其遣送大理，命他协同蒙军安抚云南。

另外，兀良合台还征服了大理西部的金齿、归夷，并命阿术领兵进取罗氏鬼（或称鬼蛮、鬼国等）——居住在滇东北和黔西地区的乌蛮诸部。

这样，经过多年的征战，兀良合台征服了大理五城、八府、四郡之地和大部分乌蛮、白蛮部落，设置十九万户府分管其地。南诏在云南割据五百年后又与内地统一。

李志常掌全真教

窝阔台汗十一年（1238），李志常继伊志平嗣掌全真教。他致力发展本教势力，刊印道藏《玄都宝藏》广为流传。这期间，全真教达到全盛。

李志常是金元之际观城（今山东范县）人。他早年拜全真教主长春真人丘处机为师，在荣州（令山东掖县）学道。后来曾随师西游，觐见过成吉思汗。写过《长春真人西游记》。

自丘处机以来，全真教道士依仗权势，侵占佛教寺院并改为道观。所刊行的道藏中，《老子仕胡经》等篇有轻蔑佛教的言辞，令广大僧众大为不满。

后来，福裕就此事向蒙哥提出控告。蒙哥于1255年亲自出面召集两教领袖人物当面辩论《仕胡经》的真伪，李志常等无法自圆其说，以失败告终，被迫焚毁《仕胡经》。第二本，僧人欲索还寺院财产，要求再次辩论。李志常愧恨交加，愤愤而死。

蒙古征服安南

蒙哥汗七年（1257）九月，镇戌云南的蒙古大将兀良合台派使者前往安南招降。安南王陈日煚囚禁使者。十月，兀良合台出兵入侵安南。陈日煚在洮江岸边排列象骑、步兵，被蒙军战败，陈日煚乘船逃到海岛上。蒙古军乘胜攻破都城升龙（今越南河内），因先前所派使者被囚禁致死，怒而屠城。安南王见状，同意降附。不久，兀良合台回师云南。

蒙哥汗八年（1258）二月，陈日煚传位给他儿子陈光昺。陈光昺让女婿携物向蒙古进贡。忽必烈即位后，因忙于对付阿里不哥，就派孟甲、李文俊等人出使安南，允许安南衣冠典礼风俗一律依本国旧制，并禁止边将侵扰安南。安南也愿意三年一贡，并接受册封。

至元四年（1267）九月，忽必烈命令安南执行"臣服"的要求。安南王以各种借口拒绝。至元十二年，忽必烈又下令要求安南遵循臣服制度，也无成效。于是，他在消灭南宋残余势力之后，准备攻打安南。

郝经建议忽必烈班师夺位

1259年冬，郝经向忽必烈进《班师议》并被忽必烈采纳，使他为最终夺取汗位迈出了关键的一步。

郝经，字伯常，泽州陵川（今山西陵川）人。金亡后迁居河北，家贫好学，被守帅张柔、贾辅延请为宾客，教育诸子，得读两家藏书。蒙哥汗三年（1253）初，应召对忽必烈陈述治国安民之道，深得赏识，留在王府。

蒙哥汗八年（1258）十月，蒙哥派忽必烈领兵攻宋，郝经以幕僚身份随忽必烈出征，亦受命和杨惟中等人宜招江淮。第二年（1259）七月，蒙哥死于合州钓鱼城下。九月，宗王末哥从合州派使者告诉忽必烈蒙哥的死讯，请忽必烈北归。但忽必烈认为不能无功而返，就继续南进，包围鄂州城（今湖北武汉）。十一月，忽必烈得知阿里不哥在漠北图谋汗位，于是召集诸将，谋臣商议对策。在这种情况下，郝经进上《班师议》。

郝经在之中分析了当时各方的形势，提出"断然班师，亟定大汗"的策略。他建议，先派强兵拦截江西，然后与宋议和，答应将淮南等地还给宋朝，划定两国疆界，并要求宋每年要进贡岁币。

这样，蒙宋战争得以迅速平息，忽必烈可安置好辎重，轻装速归，立即赶回燕都，抢先称帝，号令天下，阿里不哥自然不能为所欲为，国家也就稳

住政局，不会动荡。

忽必烈采纳了郝经的建议，迎蒙哥汗灵舆，收皇帝玺，通知诸王附马会丧和林。正巧宋相贾似道遣使议和，于是缔结和约，年底启程北返，与其弟阿里不哥展开了争夺汗位的斗争。

忽必烈效行汉法筹建元朝

元中统元年（1260）四月，忽必烈采纳策士刘秉忠等人建议，在开平颁布《即位诏》，称皇帝，是为元世祖；五月，他又仿照中原封建王朝以年号纪岁之法，建元"中统"，创蒙古政权建元纪岁之始。

不久以后，忽必烈的幼弟阿里不哥也在漠北称汗，发兵南犯。忽必烈在此后三年内，凭着汉地丰富的人力物力，击败了阿里不哥，又镇压了山东的叛乱，使自己的统治稳固下来。

忽必烈即位之后，大力效行汉法、筹建元朝。他采取了一系列措施，主要包括：①削藩夺权。选派嫡亲宗王出镇边防要地，代表皇帝镇戍征伐而不总镇区政务、赋税逐步建立起皇帝至上的宗室，"金字塔"秩序。②加强对汉地的控制。在

忽必烈狩猎图

任用汉人官员推行汉法的同时，也在各级政权中任用色目人，使之互相牵制，并以蒙古人为诸司之长，以维护其统治特权。③设置中央、地方军政机构，逐步建立完善的国家。加强中央对各种军队的控制，建立待卫亲军、环卫京畿和威慑地方势力。④垦荒屯田、兴修水利，确定赋税数额，促进社会生产的恢复和发展。⑤对宋采取步步进逼的战略，着手准备统一全国的战争。

经过10年的努力，建立元朝的各项准备工作基本完成，忽必烈正式将国号改为"大元"。

八思巴被尊为国师

中统元年（1260）十二月，八思巴被尊为国师，获赐玉印，掌管天下释教。

八思巴本名罗古罗斯坚藏，姓款氏，元乌恩藏萨斯迦（今西藏萨迦）人。他自幼聪颖，七岁能诵经数十万言，亦能通其大义，因而被称为"八思巴"（意为"圣童"）。

蒙古乃马真后三年（1244），阔端太子召其伯父萨班赴凉州（今甘肃武威），八思巴随行。蒙哥汗元年（1251），萨班死，八思巴继为萨斯迦派法主，代领僧众。

第二年，忽必烈受命南侵大理，行前派人到凉州召请萨班，因其已死，八思巴应召。

蒙哥汗三年（1253），年仅十五岁的八巴在六盘山驻地拜谒了忽必烈，忽必烈见他学识渊博，留他侍从左右，从此成为忽必烈的高级谋臣。八年（1258）释道论战，八思巴驳倒对手，声名大振。他被忽必烈尊为国师后，至元元年（1264）又领总制院（后改称宣政院），统辖释教僧徒及吐蕃地区军政事务。

伊利汗国建立

至元元年（1264），忽必烈派使者到波斯，正式任命旭烈儿为其领地（从只浑河直到叙利业和密昔儿境）的国王。旭烈兀所建汗国即伊利汗国。

从成吉思汗开始蒙古在三十多年的时间里征服了波斯、西亚地区。蒙古即位后央阿母河等地设置行尚书省，治理波斯占领地。

蒙哥汗二年到九年（1252～1259），旭烈兀西征消灭木刺夷、黑衣大食，入侵叙利亚等地。得知蒙哥的死讯后，就领兵东归。回到波斯，获悉忽必烈已即汗位，并与幼弟阿里不哥发生争端，就不再东返，决定着意经营波斯诸地。

忽必烈为取得旭烈兀的支撑，把只浑河（阿母河）以西直到密昔儿（今埃及）

边境的土地划归他统治，并于至元元年正式任命他为境内的国王。

旭烈兀自称伊利汗（突厥语"从属"之意），所建汗国称伊利汗国，定都于蔑刺哈（今伊朗阿塞拜疆马腊格）。其领土东起阿母河和印度河，西面包括小亚细亚大部分地区，南抵波斯湾，北到高加索山与里海。

中统宝钞印行

中统元年（1260）七月，刚即汗位不久的忽必烈下诏造中统元宝交钞。

蒙古进入中原以后，各地发行地方性纸币以通贸易。纸币不统一，妨碍了经济的发展。

中统元宝交钞是由中央政府统一发行的。它以丝为本，银每五十两兑交钞一千两。中统元年十月，又正式发行中统元宝钞，简称"中统宝钞"、"中统钞"、"宝钞"，由中书平章政事王文统负责，不限年月，通行诸道，也可以用宝钞交纳赋税。

蒙古男夹袍

元宝钞钞面以文贯为识，共分十等，分别为：十文、二十文、五十文、一百文、二百文、三百文、五百文、一贯、二贯。宝钞与钱银的比率为：钱一贯同宝钞一贯，银一两同宝钞二两。钞本以银为主，间或用金。由印造宝钞库掌管印钞，初用木版，至元五十三年（1276）改铸铜版。

南宋灭亡后，忽必烈下令用宝钞倒换宋交子、会子，并于至元十七年废宋铜钱。这样，忽必烈统一了南北钞法，使宝钞成为我国历史上首次通告全国的纸钞。

蒙古女夹袍

杨奂论正统

杨奂（1186~1255），字焕然，号紫阳，乾山奉天（今陕西乾县人）人，金末应试落第。归乡授徒，受冠氏赵天袍锡聘，待以师友之礼，1238年参加戊戌选试，赋论第一，由耶律楚材举荐为大蒙古国河南路征收课税所长官兼廉访使。他本着"抚摩疮痍"的指导原则，"政事约束一以简易为事"，为官勤廉，轻税简政取得一定政绩。在任十年，告老辞职。著有《还山集》60卷（今存《还山遗稿》辑本）、《天兴近鉴》三卷等。另有《正统八例》或仅名《正统》）六十卷。此书今已失传，唯有一篇总序载于《元文类》，得以保存。

《松涧山禽图》，是南宋一幅花鸟画中的优秀之作。

在这篇《正统八例总序》中，他阐述自己的"正统"观点。《总序》一开头便用史实抨击传统的正统学说"祸天下的世甚矣"，他说：像商汤、周武王那样的贤君，应天顺人，推翻桀、纣的暴政，如按传统的正统学说去衡量，则有逆取之嫌；而后世没有德行的君主，却都能承祖先余荫，披着正统的外衣稳坐皇位。针对这一情况，杨奂提出了"王道之所在，正统之所在也"的划分正统标准。根据这一标准，一改古代以《春秋公羊传》的大一统与秦汉以下五德始终说相结合的正统学说，运用儒家学说的微言大义，将前代君主授受情况分为八种情况：得、传、衷、复、与、陷、绝、归。书名《正统八例》即出自于此。此外，他还专门谈到了华夷之别与正统标准的关系问题。他认为：不能单纯简单地根据华夷之别来判断正统与非正统。从文化实况角度看，华夷之别并不是固定不变的，"中国而有夷礼，则夷之；夷而进于中国，则中国之。"根据这种文化意识正统论观点，他把南北朝时鲜卑族建立的北魏政权定为正统，而把同时期汉族建立的刘宋政权定为非正统。因为刘宋皇帝大都荒淫残忍，属于无道之君，而北魏统治者相对而言较好，能推行汉代政策。

杨奂的"正统"思想代表了金代到元之际的北方汉族知识分子的思想观点，并为在少数民族政权统治下做官的汉族士人，提供了行动的理论依据。

薛景石编《梓人遗制》

薛景石，字叔矩，元代万泉（现在的山西省万荣）人，生活于元代初年。

薛景石对我国古代的纺织技术颇有研究，认真考察历代的各种纺织机具。由于不断的努力钻研，他终于在中统初年完成了《梓人遗制》一书。

《梓人遗制》是一部有关我国古代纺织技术的专著，序是由段成已在中统四年（1263）所作。在这部书中，薛景石总结了以往的各种织机的构

宋人摹本《脚踏三锭纺车图》

造，非常细致形象地谈到了各种织机的结构、部件和名称，并绘有插图加以说明。薛景石在书中主要讨论华机子（提花机）、立机子（立织机）、罗机子（专织纱罗纹织物）、小布卧机子（织一般丝麻织物），对这四种木织进行了详尽的分析，述及它们的发展、功用与制作。

《梓人遗制》是目前所知世界上论述织机构造、技术最早的一部专著，对我们今天研究古代的纺织机具有很大的文献价值。

许衡上《时务五条》

忽必烈即位前，许衡就在北方讲授程朱理学，很有名气。忽必烈称帝以后，经常听到朝中文臣称誉许衡的才学，就多次下诏召许衡入朝。

至元二年（1265），忽必烈召许衡到京师。许衡奉命入中书省议事，辅佐右丞相安童。至元三年九月，忽必烈召许衡到上都访问政事，许衡献上《时

务五条》，按照儒家的政治伦理观念，从五个方面阐述了自己对当时一些重大问题的看法：第一，认为"考之前代，北方的有中夏者，必行汉法乃可长久"，鼓励忽必烈继续推行汉法；第二，中书省的任务，关键是做好用人、立法的工作；第三，认为为君之道，在于修德、用贤、爱民；第四，认为一个贤明的君主，应当注重农桑，将"优重农民，勿扰勿害"作为自己的责任，希望从都邑到州县，都设置学校；第五，认为"民志定则天下安定"。忽必烈对许衡的上述观点深表赞许。

至元四年，许衡告病还乡，不久复召入朝，七年（1270）授中书左丞。后因弹劾阿合马专权贪刻，不为忽必烈接受，请求解职。八年，改授集贤大学士兼国子监祭酒。从政失意的许衡从此致力于教学，被元代人推崇为朱熹道统的继承者。

刘整向忽必烈献平宋之策

鄂州解围之后，贾似道嫉妒诸将的抵御之功，对他们施加迫害。

宋潼川安抚副使刘整，尽管骁勇多战功，景定二年（1261）由于边费之事被蜀帅俞兴抓住不放。刘整怕自己被贾似道等所害，以泸州（今四川西昌）降蒙。

世祖至元四年（1267）十一月，昭武大将军、南京路宣抚使刘整入朝奏事，建议兴兵灭宋，并献平宋方略。他认为，襄阳（今湖北襄樊）地处汉水中游，是扼守长江的屏障，自古为兵家必争之地；攻占了襄阳，沿汉水入长江，然后顺江而下，南宋可平。

刘整的建议遭到了一些朝臣的反对，于是他再次进言。最后，世祖听取了他的意见，决意攻宋。至元五年七月，任命刘整为都元帅。九月，命刘整与蒙古都元帅阿术一同督领诸军进围襄阳，正式拉开了元灭南宋战争的序幕。

鉴于襄樊城池坚深，城中兵储可支数年，又能得到长江上游诸州供输，利于久守的情况，刘整等人决定对襄樊采用围困战术，断其外援，使其最终不攻而破。

至元九年（1272），襄樊已被困五年。第二年正月，元军攻陷樊城，权相贾似道又不肯全力救援，宋将吕文焕遂举城投降。这样，南宋大门洞开。

蒙古习水军

　　至元七年（1270），蒙军再次接受刘整的建议，以襄阳西面万山为据点，造战舰、习水军。刘整认为，蒙军的精兵突骑，宋军自是无力抵挡，但水战却不及宋军，应当有自己的水军，取敌所长，教习水法，赶造战船，这样襄樊不日可破。

　　这样，蒙军打造了战船五千艘，每日操练七万水军，即使雨天不能出去，也画地为船在营帐中演习。在攻取襄樊的战役中，这支蒙古水军发挥了巨大作用，断绝了该城的水路，使宋守将吕文焕第二年被迫投降。

元墓壁画《门卫》

蒙古政治汉化

　　中统以后，为维护蒙古在中原的统治，忽必烈在政治上实行一系列汉化措施。

　　中统元年（1260）四月，忽必烈遵用汉法，在中央设立中书省总领全国政务，又置十路宣抚司为地方最高行政机构。派到各地行使中书省的职权，简称行省。至元二十年（1283）前后，行省官员不再以中书省官系衔，行省也从都省派出机构演变为地方最高行政机构，成为一级政区的名称。

　　中统元年忽必烈即位后，任命萨斯迦派法主八思巴为国师，统领天下释教。至元元年（1264），又在中央置总制院，管辖全国佛教事务及吐蕃僧俗政务，由国师八思巴领院事（八思巴升号帝师后，就由帝师领院事）。至元二十五年（1288），总制院改为宣政院。

蒙古国时期，蒙古是以札鲁忽赤（断事官）总司法行政事务。忽必烈即位后，将处理国家政务的权力移交给了新立的中书省，札鲁忽赤就成为专门的司法长官，于至元二年（1265），设大宗正府为其官署。但大宗正

南宋《雪景图》，有清旷高寒的境界。

府并非蒙古唯一的司法系统。各投下还设有自己的断事官，枢密院、金玉府、总制院（宣政院）等都自行处理各自的涉讼，终元之世，也没形成统一的司法系统。

为了纠察百官善恶，谏言政治得失，拘刷拾括、追理财赋，至元五年（1268）七月，忽必烈设御使台；至元五年十一月，开始议定朝仪，整理百官姓名，各依班次，听通事舍人传呼赞引然后进，一改喧扰无序的原状；至元七年（1270）正月，忽必烈设尚书省专管财赋。

南宋时，地方办学曾非常普遍。蒙古学习宋制，于至元七年（1270）二月立社制，规定每社立学校一所，谓之社学，选择通晓经书者为师，农闲时令子弟入学。第二年，又开办了国子学，增置司业、博士、助教各一员，选随朝百官近侍蒙古，汉人子弟和俊秀者为生徒。

以上便是忽必烈即位后采取的一系列汉化措施，这些政治举措对稳定元朝的统治秩序起了重大作用。

蒙古宫廷兴乐队

蒙古的统治阶层十分重视用歌舞来享乐。从当初的按蒙古族习俗的歌舞，到后来发展成一套雅俗兼备的礼乐系统，是吸收了宋、金雅乐的影响。宪宗时期（1251~1259），《登龙乐》是用来祀天活动的，后改成《大成乐》，文舞叫《武定文绥之舞》，武舞叫《内平外成之舞》，其武舞将整个统一征战过程纳于表演之中，气势磅礴，充满尚武精神。

而反映族舞艺术水平的，则当数宫廷宴乐。

在元代诸般宴乐中，规模庞大、结构复杂、艺术水平高的，是与宋代宫廷"队舞"类似的"乐队"。"乐队"是融合了宋代宫廷"队舞"和元代特有的蒙古民族与宗教色彩的表演性舞蹈节目。主要"乐队"有四种：元旦用的《乐音王队》，天寿节用的《寿星队》，朝会用的《礼乐队》，还有未明确标明用途的《说法队》。每队又各分成十个小队依次表演。在人数、服饰、舞具、乐器、舞蹈与歌曲名称，以及地位调节队形变化等，都有明确规定。

元代这种宫廷乐队，主要还是以乐舞交叉，且舞且唱为表演形式，明显地属于宋代乐舞遗制，受宋宫廷"队舞"影响十分明显。表演中的"戏竹"致语及表演完毕念口号、退场，与宋代"竹竿子"的勾、放队程式大体相同。乐队中那些头戴唐巾、唐帽的男子和女子的妆饰、服饰，都是汉族风格。所奏之曲和所唱之歌，为《长春柳》、《新水令》、《沽美酒》、《太平令》、《万年欢》等，也是汉族风格。

除了汉族风格外，"乐队"的蒙古族风格也很浓厚。披甲执戟，执金斧的武士装舞，扮成金翅雕、乌鸦、鹤并作"飞舞之态"的舞蹈表演，蒙古族长期狩猎和游牧生活在乐舞中的体现。《乐音之队》中的《吉利牙之曲》、《寿星队》的《山荆子之曲》，也都是蒙古族的乐曲。

此外，乐队的宗教色彩也浓郁。元代统治者崇拜萨满教和喇嘛教（藏传佛教），并对佛、道、伊斯兰教予以保护。宫廷乐队也充满着一种僧道融合的神秘气氛。在服饰上，伽帽、禅衣、袈裟、道袍均出现在乐舞中，各种神佛，如文殊、普贤、如来，还有八大金刚、五方菩萨、乐音王菩萨，以及夜叉、飞天等，都有人装扮。

在《乐音王队》中，有戴红发青面具、孔雀明王像面具、毗沙神像面具、龙王面具、霸王冠青面具的舞人、乐工，这种面具舞蹈，源于蒙古族的宗教舞蹈"查玛"（跳神）。

除包容多种民族成份的元代宫廷宴乐乐队（队舞）外，元代宫廷还产生了为数不多的精美的表演性舞蹈，在很长时间中，颇负盛名，并广为传播，其中《十六天魔舞》、《倒喇》和《白翎雀》等最为著名。

元代的"乐队"使南、北中国的歌舞艺术得以相互交流、融合，使元代的歌舞艺术得到较大的发展。

《渎山大玉海》雕成

　　蒙古版图不断拓展，各地玉雕工艺匠人之间的技术交流也逐渐频繁起来，朝廷为满足自身需要，将大量优秀的匠人集中在京城，为皇家打造各种御用玉器及装饰品，再加上西域的优质玉材源源运往中原地带，促建了玉雕工艺在元代得到空前发展，制作出大批的优秀作品，《渎山大玉海》便是其中典型的代表作。

　　《渎山大玉海》现存于北京北海围城，是至元二年（1265）的作品，是目前所知最早的方型玉雕。高70厘米，上端口径为1.5米，重量达3.5吨，整个玉器气势雄伟，器壁厚实，雕刻精致，给人一种厚重的感觉。它的作用是用来盛酒，大约可盛酒三十余石，当盛满酒时，有人形容它"波涛汹涌，海兽踊跃，似有鱼兽出没于波涛之中"，足见其气势的庞大，也从另一方面说明了蒙古贵族奢侈豪饮的风气。

　　《渎山大玉海》的雕成，是中国玉雕史上的一件大事，至今仍在玉雕上占据重要地位。

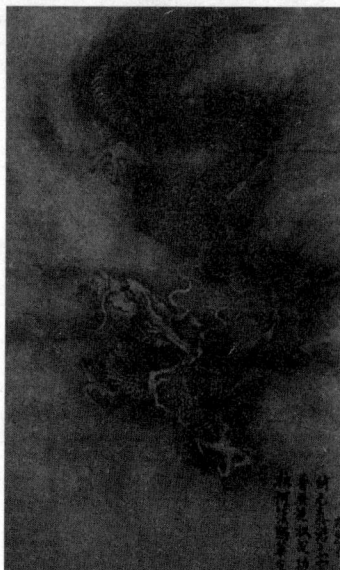

《云龙图》，陈容画。陈容是南宋的画龙高手，他画的龙深得变化之意，泼墨成云，啜水成雾。此图是陈容传世作品的一幅杰作。